产品管理与运营系列丛书

BREAK & UPWARD
Distinctive Product Managers

向上突破

不一样的产品经理

苏杰 唐韧 董超华 程军 车马 老K ◎著
刘志远 李宽 猪哥 王伟 李荣一

机械工业出版社
China Machine Press

图书在版编目（CIP）数据

向上突破：不一样的产品经理/苏杰等著.-- 北京：机械工业出版社，2021.12
（产品管理与运营系列丛书）
ISBN 978-7-111-69837-1

I. ①向… II. ①苏… III. ①企业管理－产品管理 IV. ①F273.2

中国版本图书馆CIP数据核字（2021）第253442号

向上突破：不一样的产品经理

出版发行：	机械工业出版社（北京市西城区百万庄大街22号　邮政编码：100037）
责任编辑：	韩 蕊　孙海亮
责任校对：	殷 虹
印　　刷：	三河市东方印刷有限公司
版　　次：	2022年1月第1版第1次印刷
开　　本：	147mm×210mm　1/32
印　　张：	8.75
书　　号：	ISBN 978-7-111-69837-1
定　　价：	89.00元

客服电话：（010）88361066　88379833　68326294　　投稿热线：（010）88379604
华章网站：www.hzbook.com　　　　　　　　　　　　读者信箱：hzjsj@hzbook.com

版权所有·侵权必究
封底无防伪标均为盗版　　本书法律顾问：北京大成律师事务所　韩光/邹晓东

| 前言 |

为什么要写这本书

2020年年底，在一次聚餐时，我和荣一、猪哥谈及产品经理的需求和职业发展。当时猪哥问了我一个问题：产品经理的痛点是什么？之后几天我一直在思考这个问题，因为我一直想为产品经理做点事情，只要想明白了这个问题，也就确定了我到底该做什么。

于是，我开始翻阅产品经理相关的图书，希望从书中找到答案。通过这次集中阅读我发现，大多数产品经理相关的图书都是从专业角度切入的，都在讲产品经理应该具备什么样的技能，应该掌握什么工具，同质化相当严重。然后我开始以己为镜，思考我需要的内容是不是这些。我梳理了自己从大学毕业到转型产品经理再到现在走过的所有路程，我想到自己在迷茫的时候，最渴望的是有一位经验丰富的前辈能够带我，能够用他的成长经历为我指明前进的方向。

另外我想到，从产品经理这个职位出现到现在，已经有近20年了，我入行也有了五六年，在这么多年里，出现了很多优秀的产品经理，他们迅速崛起，风光无限；也有很多的产品经理，非常努力地工作了很多年，但还是寂寂无名；有些优秀产品经理已经成功破圈，成为多个行业的专家；有些产品经理却遇到了职业和技术的双重瓶颈，他们中有些人甚至因为年龄太大而被淘汰。

结合自己遇到迷茫时的需求，再加上当前产品经理人群的实际情况，我突然想到：是不是可以找一些行业内有代表性的产品经理，把他们的职业成长故事、突破瓶颈的经验、技能分享给大家？他们的经历一定会帮到还在迷茫中的产品经理。

确定了大方向，下面就需要确定展现形式了。现在可供选择的渠道很多，公众号、小红书、抖音、快手，还有像"人人都是产品经理"这样的垂直社区。想到我的初心——帮助所有迷茫中的产品经理，我最终决定还是以图书的形式进行分享，因为这个渠道是所有渠道中能接触到的人最多的。

明确了主题，确定了展现形式，接下来就是确定作者人选了。因为要尽可能地帮助所有迷茫的产品经理，所以我们对候选作者提出了如下几个条件。

（1）必须是产品经理领域的成功人士，在行业内要有足够的影响力，工作经验和经历都必须足够丰富。

（2）其发展路径要具有代表性，不能是那种发展路径特殊性极强的。

（3）每位作者必须足够重视这件事情，要把自己多年的工作经验压缩再压缩，要能用有限的篇幅展现出足够丰富且实用的内容。

（4）各位作者分享的内容，彼此之间不能有重复性的东西，即便是职业发展轨迹也要有自己的特色。

确定了上述4个条件，从2021年年初开始，我和猪哥、荣一就分头开始行动，在机械工业出版社孙海亮老师的配合下，邀请了一批在行业内有代表性的产品经理，然后通过仔细筛选，最终确定了11位作者（包括我）。

有了这么多优秀的作者加入，我非常激动，尤其是我能成为他们文章的第一读者，多么荣幸！读过他们的文章以后，我不禁感慨：如果我在做产品经理之前就看过这本书，何至于当年踩那么多坑！

因为我深刻体会到了这本书的价值，加之机械工业出版社也希望为产品经理们做一些事情，这本书就这样与大家见面了。

读者对象

如果你属于下面这几类人群之一，那么本书就是你的必读书。

（1）职业发展遇到了瓶颈，不知道接下来要如何规划未来发展路径的产品经理。

（2）技术发展遇到了瓶颈，基本技能已经掌握，产品无法继续突破的产品经理。

（3）个人价值增长缓慢甚至停止或倒退，希望突破的产品经理。

（4）刚刚入职或者准备入职，不知道如何快速成长的产品小白。

（5）想为其他产品经理规划发展路径的产品团队领导、职业规划师及其他相关服务提供者。

如果你属于下面这几类人群之一，那么建议你阅读本书。

（1）所有产品经理。他山之石可以攻玉，本书一定会有部分内容对你有触动。

（2）互联网行业的从业者。产品经理是互联网企业中必不可少的一群人，了解这群人会对你的工作有帮助，你甚至可以从他们的发展轨迹中找到自己的发展方向。

（3）互联网企业管理者，高等院校相关专业师生。

本书特色

本书旨在让一批优秀产品经理来帮助迷茫中的你突破瓶颈，向上跃迁。基于这个定位，我们从行文到内容都进行了详细规划。本书主要特色如下。

（1）所有作者都极具代表性，11位作者涵盖了11种不同的产品经理人群。

- 从生物医学专业毕业之后转型阿里巴巴产品经理，十余年一直在产品经理领域拼搏，最终成为产品经理奠基人之一。
- 技术出身，一路打怪升级成为大厂产品经理，之后转型自由职业者，成为畅销书作者、公众号主理人。
- 就职过多个大厂，带过百人团队。
- 开荒级产品经理，曾在3721公司工作并成为最早拥有"产品经理"头衔的人之一。
- 自称"野路子"，却一路做到产品线负责人。
- 名校毕业，仅用几年时间就在电商领域从产品经理一路升级到产品总监。
- 三本院校毕业，在B端不断逆袭，成功入职多个大厂。
- 学历低，从开始难入大厂到最后傲视大厂。
- 科班出身，在天猫和京东等平台大展身手。
- 在大厂还不是大厂时就开始负责产品运营，操盘过多个大型项目。
- 普通院校毕业，用8年时间从产品小白升迁为大厂产品线负责人。

（2）本书内容丰富，既有作者多年发展历程的呈现，又有不同阶段突破发展瓶颈的技能和经验总结，还有专门针对产品人的建议和指导。

（3）干货十足。本书分享的是11位作者在多年工作中总结出来的最具特色的内容，每位作者呈现的都是独到的、对自己帮助最大且最实用的内容。

（4）叙述方式轻松，阅读体验好。本书采用第一人称的方式呈现，将故事性、实践性和系统性凝于一身。读者阅读本书时，如同在和作者面对面沟通。

致谢

首先要感谢本书的其余10位作者。一本书从创意到可交付的产品，需要所有人的共同努力。为了保证这个交付品的质量，几位作者在近两个月的时间里把所有的业余时间都用在了打磨书稿上，大家毫无保留，又字斟句酌，力求用最少的篇幅呈现最多的内容。几乎每位作者都对书稿进行了5遍以上的修改。

其次要感谢机械工业出版社华章公司的编辑孙海亮老师。在本书的撰写过程中他给了我们很多非常专业且中肯的建议，并且一遍又一遍地帮我们审阅书稿，给予我们鼓励、帮助和引导，这是我们顺利且快速完成全部书稿的基础。

还要感谢我的家人，尤其是我的母亲、妻子和两个可爱的女儿。在撰写和组织本书的过程中，我没有时间陪伴她们，她们没有因此怪我，反而对我照顾有加。她们是我前进最大的动力。

最后我代表本书的所有作者，感谢帮助过我们的导师、领导、同行，以及支持我们的读者朋友们，大家才是促成本书出版的原动力。

董超华

| 目录 |

前言

01 绕不过的"人人都是产品经理"/ 苏杰 … 1

成为产品经理是一个意外 … 2
我产品经理生涯的 3 个阶段 … 2
关于产品创业,说说我的经历 … 8
产品经理提升非职业技能的 3 个方法 … 10
瓶颈、个人品牌与理想的关系 … 14
我给产品人的 5 个建议 … 19

02 我的产品进阶之路——3 次转型背后的逻辑与方法 / 唐韧 … 22

回看:我的产品之路 … 23
读书:靠读书走出大山,眼界决定认知 … 24

趁早：面对机会，"早"就是优势 25
实践：从小白到专家，实践密度和实践质量的
　化学反应 28
深造：进入互联网大厂，实践点、线、面的选择 31
延伸：打造稀缺价值，从做副业开始 33
对抗：保持对抗，让自己始终处于增长状态 38
取舍：人生的选择不止一种 42
我给产品人的3个建议 43

03 一位大厂产品负责人的自我突破 / 程军　52

我在饿了么、贝壳工作时对团队、市场和产品
　的思考 53
产品人快速成长的4个绝招 61
我如何一招突破职业瓶颈 66
一年半时间内公众号粉丝从0到4万的复盘 68
我给产品人的4个建议 73

04 从产品青年到斜杠中年，看我如何避免职业危机 / 车马　76

我的奋斗之路，活成别人羡慕的样子 77
持续突破，把职业危机甩在身后 80
顺利实现3次突破后我得到的启示 82
产品人高速成长需要的五大原力 92

我给产品人的 4 个建议　　　　　　　　　　　103

05　小厂产品经理的迭代思维 / 老 K　　　　　109

我对产品经理认知的迭代　　　　　　　　　110
像做产品一样做公众号　　　　　　　　　　116
职场中层管理者的突破选择：做一份不赚钱
　的副业　　　　　　　　　　　　　　　　118
我给产品人的 4 个建议　　　　　　　　　　123

06　像做电商一样，长期经营自己的人生 / 刘志远　　126

我的电商产品之路　　　　　　　　　　　　127
这 3 点让我快速成为电商产品专家　　　　　127
总结复盘，用分享破圈　　　　　　　　　　131
突破认知局限，成长为一名出色的产品人　　133
搭建高产出的产品团队　　　　　　　　　　136
我给产品人的 5 个建议　　　　　　　　　　141

07　我从实践中总结的产品经理成长模型 / 李宽　　143

从工业设计到产品经理　　　　　　　　　　144
我的产品生涯低谷　　　　　　　　　　　　145
助我走出低谷的 4 个产品经理成长模型　　　155
我给产品人的 3 个建议　　　　　　　　　　163

08 低学历产品经理的向上突破：学历低照样进大厂 / 猪哥　167

低学历者的无奈瞬间　168
成功转型产品经理　170
3 万人总结的 10 个产品心得　177
学历低，该如何逆风翻盘　192
我给产品人的 4 个建议　198

09 非科班产品经理的转型与逆袭 / 王伟　203

做好 3 步，成功转型电商产品经理　204
3 个保持竞争力的思维　209
找到优秀的人，逐步引导自己成长　214
放大自己的不同，探索产品经理的另一种成功　217
我给产品人的 3 个建议　220

10 我的大厂运营心得与对职业突破的思考 / 李荣一　222

我对运营的理解　223
踏上互联网节拍，看到了运营的光　224
从 0 到 1 的产品运营实践　228
如何做一个不断增值的运营人　230
我对突破职业逆境的思考和探索　236
我给产品人的 3 个建议　239

11 从好产品到好前程：产品思维在向上突破过程中
的应用 / 董超华 　　　　　　　　　　　　　　241

从产品小白到大厂负责人　　　　　　　　　243
3 招帮你做好一款产品　　　　　　　　　　248
用产品思维引爆个人品牌　　　　　　　　　256
我给产品人的 3 个建议　　　　　　　　　　261

1. 入坑：掌握产品技能

还记得入职阿里巴巴的那一天，2006年7月17日，在还没有被分到自己办公桌的时候，我就被委以"重任"——出任一款产品的需求分析师。当时这款产品已经进入开发阶段，整个项目处于封闭开发中，所以我根本没有时间也没有机会系统学习需求分析的相关技能。当然，也没有太多系统化的资料。那时候作为一名"伟大"的菜鸟级需求分析师，做得最多的事情就是"打杂"，而且，我后来才意识到，那款产品其实是不太重要的公司内网系统。当然，我也意识到，对于一个新人来说，其实业务的重要性反而没那么重要，因为随便什么产品，都可以帮助你练"童子功"。我是一个不甘于现状的人，所以总是在找机会做一些事情。功夫不负有心人，我终于找到一个可以发挥我这只全新"菜鸟"价值的工作——作为一名业余测试人员，充分发挥"不了解整个系统"的优势，站在普通用户的角度来使用那款产品。

这段经历让我意识到，要想做好产品经理工作，必须掌握对应的产品技能。所以，我当时定下苦学技能的目标。

（1）**需求分析技能**：作为菜鸟的我会主动熟悉工作中需要的、与需求分析相关的基本知识和技能（因为当时我的职位是需求分析师）；去了解产品的各个方面，包括功能、用户、技术等；去认识团队里的兄弟姐妹，熟悉将来要合作的兄弟部门的同事。直到2006年年底我才被老板正式认可，现在看起来成长好慢，但那时的我对时间的感知远远不如现在的年轻人"激进"。记得当时老板说："从做的事情看，你可以算作一个PD了。"（PD是指Product Designer，不少互联网公司对产品设计师、产品规划师、产品经理一类职位的通用简称。）得到这样的认可，我的激动心情到现在都记忆深刻。

（2）**产品经理基础技能**：2006年11月，我们团队启动了一个全新的产品项目，我终于有机会真正做产品相关工作了。在这款全新产品的研发过程中，我经常主动要求负责某些模块，并在前辈的指导下做好指定的工作。这个时期我掌握了产品经理的基本技能——一个产品功能"怎么做出来"，比如产品需求文档怎么写，怎么配合用户体验部门的同事们做Demo，怎么跟进产品开发、测试、发布的过程……其实，到这时候我才知道，PD更通用的说法是产品经理，而国内那时候知道这个岗位的人并不多，更不用说有什么系统的成长指导了。

（3）**产品经理进阶技能**：到了2007年夏，我已经入职一年，在产品团队中变成了一个"老人"，开始负责产品的更多模块直至所有功能，从原来前辈告诉我要做哪些功能，转变为自己去探索要做哪些功能，并且开始尝试做一些用户研究。那段时间我天天都在熟悉产品的每个设计细节，也会做一些需求管理的工作。这段时间我感受到这个产品的运作离不开我的工作，因此很有成就感。此后，我在需求采集、分析、筛选的过程中学会了权衡取舍，日常工作中更多地开始考虑"做多少"的问题，即"做哪个功能，不做哪个功能"。我也逐渐意识到，原来产品经理的工作不能局限在需求方面。于是，我又迎来了新的挑战。

（4）**项目推进技能**：2007年秋，我开始做一款新产品——企业邮局。这是第一个由我全面负责的产品，这款产品让我意识到产品经理的工作不只是设计功能，要想真实现一款产品，必须一个又一个地推进项目。在确定要做什么之后，先立项，再经历需求调研、开发、测试、发布等几个主要阶段，用户才能看到我们的劳动成果。在这个过程中，我学到了很多项目相关的技能，比如流程管理、文档管理、敏捷方法应用等。

（5）**跨团队协作技能**：到了 2008 年的时候，我已经主导了多个项目，熟悉了项目推进的相关技能，也有了稳定的产品团队。我开始意识到，一款产品不是仅靠产品团队就能做好的，产品做出来以后，还需要很多其他兄弟团队的支持，比如需要市场团队、服务团队在商业方向上提供支持，需要运维团队、架构团队在技术方向上提供支持，还需要财务团队、法务团队的支持。所以我开始试着去影响产品周边的各个团队，先了解周边团队，然后在产品项目前期就着手引导他们，以保证我负责的产品在项目后期可以得到充分支持。

（6）**产品新人培养技能**：2008 年下半年，随着产品越来越复杂，参与的人数越来越多，我开始意识到一个人的精力和能力都极其有限，不可能做完所有的事情。而且一个人对一个产品的激情终将渐渐褪去，同时市场、公司也是在不断变化的，谁也不可能对某个产品"从一而终"，总有一天要离开它。所以，我有必要培养后续的人才，他们可以帮我完成各种工作；我离开团队后，他们可以接手我的工作，让产品继续正常运行下去。于是我在产品渐渐成熟的时候开始主动定规范、定流程，把自己手上的工作一点点分出去，让团队成员有机会接触更多工作。我也会刻意对团队成员进行指导。

2. 破圈：培养产品思维

时间进入 2009 年。我入行已有 3 年，越来越觉得对于一款产品来说，早期的决策无比重要，所以很想参与产品初期的战略规划。幸运的是，公司也给了我这样的机会。通过对产品的早期研究，我知道了公司其实想做的东西很多，而真正实施下去的只是其中的一小部分。面对那么多极具诱惑的产品，学会放弃变得很重要，而放弃的原则与依据，就是战略规划、使命、愿景和价值观。

参与了一段时间的战略规划工作后，我开始意识到：找到产品的"灵魂"很重要。我也开始思考什么是产品经理的"灵魂"，除技能之外还有什么对一个出色的产品经理很重要。随着对这个目标的思考日益加深，我渐渐对这个问题的答案有了模糊的认识，但是非常不清晰，这就如同掠过眼前的虚影，你知道它的存在，却怎么也看不清、抓不到。幸运的是，它至少给了我一个方向——破圈，于是我开始寻找新的挑战。我慢慢意识到我这是在围绕着某个不断清晰的目标找新鲜事做。

时间飞快，一晃 2 年过去了，到了 2011 年的时候，我发现了一个严重的问题——自己对改变某个实际产品的兴趣已经越来越淡。那如何让自己继续有动力工作？另外，一个问题开始不停在我脑海中盘旋："你是想改变一个产品，还是想改变一群产品经理？"这说明当时的我已经意识到产品经理各不相同，我想在一线体验各种做产品的经历，然后找出背后的规律加以总结，最后再用这套逻辑去影响产品经理。于是，我从阿里巴巴的中小企业业务转岗到了淘宝商城。做了半年后就发现，我一直在一线做下去,不可能体验全部,虽然深度有了,但广度必有局限。

所以,我开始在工作之余和很多淘宝的早期产品经理们聊天,以此来弥补我的广度。后来,这些聊天内容在公司的支持下编写成了《淘宝十年产品事》并正式出版。到了2012年,我终于不再纠结,离开淘宝商城,来到阿里巴巴集团的产品大学,开始用工作时间做自己更想做的事情。有了这个平台,"我来改变产品"正式升级为"我们来改变产品经理"。我认识到,任何组织内产品经理的人数占比都不大,但需要产品思维和方法论的人很多,于是我提出"泛产品经理"的概念。我开始正式总结自己的产品思维,并将这套思维形成文字,传达给更多人。我的破圈之旅开启了。

站在当下这个节点看2009到2012这几年,我要为自己庆幸,因为我总能在恰当的时候遇到应该遇到的机遇;我也为自己感到些许骄傲,因为我在机遇面前总能走出适合自己的一步。这可能就是我一直坚持的理念,作为一名产品经理,总要确定一个目标并不断为之奋斗。目标明确了,道路才能明确。只要坚持去突破,坚持向上,道路没有对错,只有开心与否。

3. 落地:深度产品创新

到了2012年,我越来越理想主义,讨厌和别人一样,相比做一些以几个月、几年为周期并且不换目标的产品,我更想做一个能持续几十年的创新型产品——一种理念的传播。这可能也和当时的产品市场情形有关,那时候市面上出现了越来越多的不那么好的产品。"不够好的产品变多"的现象有人归结于我的"人人都是产品经理"的观念，认为我的这句话让更多的外行人参与了产品的研发过程。我觉得这实在是太抬举我了。在我看来，"产品变差"的本质是时代大背景变了，而产品的创新理念却没有跟上，导致用户不再满意。于是我开始实践一些产品创新方法。后来为了把这套方法论分享给更多的人，我又专门出了一本书。

2014年8月，我从阿里巴巴离职，做了半年自由职业，全国各地到处跑，一边通过讲课、做顾问，感受各种行业、各类公司的做法，一边思考接下来做什么。接触过的公司包括中国电信、中国移动这类运营商及他们的乙方公司，上海证券所、中国银联、国泰君安、汇添富、建设银行、招商银行、兴业银行、平安等金融相关公司，网易、携程、京东、苏宁、同程等互联网公司，中兴、华为、联想、用友、万科、海南航空、上海航空、上汽集团、中航信等泛IT（信息技术）类公司，各种媒体、培训和会议公司，还有一些创业公司和创业服务机构。这半年的经历让我开阔了视野，宣传了自己的产品理念，也逐步确定了自己想做的事情——创业。

关于产品创业，说说我的经历

在2014年之前，我的发展瓶颈问题日益突出，所以2014年我才转做了自由职业者。那段时间与其说是我在为创业做准备，不如说我是在探索突破瓶颈的方法。确定创业方向后，2015年春节后，我正式开始创业，方向是"为创业者服务"，为了自己预想的最后一份职业——投资——做准备。于是，我又了解了各个行业的很多小公司，从三五个人到小几百人的都有，自己也尝试孵化了一些小项目。我在杭州参与创办了两家小公司，分别是良仓孵化器和 B12，后者主要做的是科技媒体与周边服务。做了一段时间以后我发现，自己走了弯路，或者走错了路。创业是没错，错的是我应该继续之前的目标，坚持走在以"产品"为核心的路上。

这次创业经历中，我最大的收获是体会到了自己"做不了什么"。因为创业不像在大公司工作，在大公司分工很细，你只要发挥长处即可，而创业时什么事情都要做，尤其是在创业方向选在了不是自己最了解的领域的情况下。后来我又转到了产品领域，所以才有了现在做产品顾问的苏杰。

之所以把新的创业方向确定在做产品顾问上，除了因为这个方向是我应该坚持的目标外，还因为互联网、移动互联网甚至一些周边行业的发展实在太快了，其中还有一些需求不能很好地得到满足。

- 互联网圈内一些不是产品经理岗位的人，可能因为工作需要或者个人兴趣，也要了解一些产品方法论。但现有的大多数内容都是面向专职产品经理的，讲了太多操作细节。
- 对于创业公司来说，并不是每家都有或者说都需要一群专业的产品经理，但产品的工作必须有人做，做的人也许是老板、技术组长、设计师或者运营人员。他们该如何快速学习当下所需产品知识，用最短的时间胜任自己的工作？
- 非互联网圈的从业者们，相信已经感受到互联网大潮的势不可当，不管是"+互联网"还是"+互联网"，他们都需要从更抽象、通俗的层面，了解互联网人到底是怎么做产品的,有哪些异同,如何选择性地借鉴他们的经验。
- 各种学习资料已经不再是太少,而是太多了。对于圈外人来说,难以从众多资料中找出真正适合自己的图书、网站、社群和公众号。因为没有对应的索引,没有互联网产品经理领域的"知识地图"来进行指引。

除了上述原因,一位投资人前辈跟我说过的一句话也对我产生了重大影响。他说:如果你不想仅做事,还想通过改变人来改变世界,那么你可以选择两种方式,一是不断输出自己的经验、价值观与方法论,潜移默化地对他人施加影响;二是像乔布斯那样,做一个惊艳世人的产品,让世人自己体会和总结。

看完我的经历你有什么感想?你若是现在正处于瓶颈期,不妨静下心来想想你应该怎么找到突破口。

产品经理提升非职业技能的 3 个方法

常言道,机会总是留给有准备的人。什么是"有准备的人"?我认为就是那些具备了极强的专业技能的人。这里所说的专业技能,既包括职业技能,也包括一些非职业技能。对于职业技能,市面上有很多相关的图书,我就不介绍了。这里我重点说说非职业技能的提升方法。

1. 闭环和迭代的秘密

我觉得一个人要想提升自己,首先要把自己做的事情形成

一个闭环。什么叫闭环？对一个人来说，你获得的各种信息都是输入。假设你有一个处理这些信息的认知模型，输入的信息通过模型处理后再针对相关对象进行输出，之后再去获取互动对象的反馈，反馈又是一种输入信息，然后用新的输入信息优化你的模型，这个过程就是一个闭环。

其实个人的成长迭代和产品的成长迭代很像。首先你要做出一个闭环，不能单向输出或输入。其次是怎么样加快闭环每次迭代的速度，缩短每一次迭代的时间。我为什么觉得年轻人选择互联网是一件很好的事情？就是因为这个行业的闭环迭代特别快。互联网产品的形态相对简单，它可以让一个人的成长非常快。不过你需要看到，"快"其实是把双刃剑，有利有弊，弊就是不变的、能沉淀下来的东西太少了。你可以想象十年二十年以后，这个快能一直保持吗？你是不是应该积累一些越老越吃香的东西？沉淀"越老越吃香的东西"的方法，甚至这些东西本身，反而是在一些慢的行业里。你要想把握这个平衡，我觉得应尽快找到快速迭代的方式。这个时期选择互联网是一个手段。当你到了30、35、40岁之后，你必须要准备好那些比较慢的东西，就是那个长期的、越老越吃香的东西。我有很多产品经理朋友，他们转去做企业服务级的产品，因为这类产品对行业经验要求更高，这些产品会帮他们沉淀需要的知识。

2. 要深度也要广度

拿我自己举例。对于产品顾问来说，其实更偏向于广度，因为这会让我接触各种不同的行业。但如果要做方法论，那么又要深度优先。所以我的提升方式有横向也有纵向，有广度也有深度。

我觉得对大多数产品经理来说，你也需要既有广度也有深度。只有广度或者只有深度都是不够的。**若你只有深度没有广度，那么你会很难跨界交流，很难跨界互动、合作或协作。若只有广度没有深度，你就会显得很肤浅，别人会觉得你很飘。**所以你得找到你的一横一纵，两个都要有。

我举个例子。比如说你可以把你的深度体现在策划某类产品上，但是同时你应把广度体现在做不同的行业上，比如说内容行业、教育行业等。你可以分析自己的现状，在某一个具体的时间段内，比如说在半年、一年、两年这样的时间段内，确定自己是广度优先还是深度优先。如果你现在做得太深，那么你在接下来的两年里应将注意力放在广度上。你现在如果做得太广了，不够深，接下来的两年就应注意深度。

大家如果有兴趣，可以去学习一下洪堡模式和纽曼模式，其实它们讲的就是到底应该成为通才（广度）还是专才（深度）。过于强调某一种，都会有失偏颇。当前应该先做广度还是先做深度，这个要根据自己的情况决定，重点要评估时间分配问题。

再补充一点，就是不管你怎么广怎么深，都要把每一段经历串起来，保证你的任何一段经历都不要浪费。我觉得这个是非常关键的。你每次换工作或者每一次转方向，都要思考怎么将之前的经历串起来。前面介绍了我职业生涯的15年，不知道大家有没有这样的体会：其实我是在努力串联每一段经历，让我的每一段经历都不要浪费。我的每一次转变，每一次新尝试，其实都是对过去所有经历的一个组合，绝对不是新开一个领域。

3. 必须不断增加主动时间

我觉得年轻的时候要多多努力,尤其是在工作方面,大家不应该认为自己只是在为公司工作,而应该认为是在为自己工作。我之前说过一句话,"就算项目黄了,也要确保自己不能一无所获",其实就是想说明这个道理。

我觉得每个人在工作时都要有一种意识:在完成公司交代的本职工作后,想想这些事对自己的成长有什么价值。我们每天都应该再多做一点点本职工作之外的事情,这样在帮助公司完成更多任务的同时,还能让自己掌握更多技能。这会在将来为自己争取更多的主动权。我希望大家好好体会一下,我其实就是这么做的。我 2006 年参加工作,在 2012 年的时候,我的非工资收入就已经超过我的工资收入了。然后才有了后来的辞职,才能去做自己想做的事情。

如何保持或者提升自身的竞争力?我说一说自己的思考,供大家参考。你可以排一下自己的时间,看一下每周的时间中哪一些是自己安排的主动时间,而哪一些是被别人安排的被动时间。排好过后,努力去增加自己的主动时间。被动时间太多,会为个人成长带来很多阻力。此时要利用好自己的主动时间,比如增加工作效率、合理安排时间等。

对于增加主动时间,下面说说我的做法。我有一段时间,每天的 10:00—12:00 是我雷打不动的处理本职工作的时间,这段时间我会全身心投入提前安排好的工作中,不接受任何打扰。这就会为我在每天的 20:00—22:00 做自己的事情奠定基础。这样安排后,我的幸福感提升很多。很多人白天忙着开会,啥也做不了,到了晚上累得同样啥也做不了，谈何自我成长？

瓶颈、个人品牌与理想的关系

什么是理想？扪心自问，公司的愿景、老板的理想、家人的期望，这些都能直接当作自己的理想吗？我们必须经过这样一个思考的过程，才能知道自己到底想要什么（自己的理想）。

人为什么要有理想？基于公司价值观、使命和愿景而制定出的战略是公司与产品的灵魂。而理想就是一个人的灵魂。我觉得一个人与一家公司一样，应该是内驱的，而人的内驱力就是理想。对热爱生活的人来说，理想显得尤为重要，如果没有目标，没有方向，不知道自己想成为什么样的人，那么热情满满地做事是为了什么？事情永远做不完，在众多事情中怎么知道该做哪件？到处横冲直撞，怎么知道是不是在向"前"走？

1. 论理想和咸鱼的关系

我是一个喜欢胡思乱想的人，所以没有非常明确的理想指引。直到我做了几年产品经理，我的理想才渐渐清晰，这得益于产品经理思维，它让我习惯于凡事追根溯源，每次做事前都要想清楚为什么，之后才开始动手做。

在我刚刚入行的时候还没有产品经理的职位，当时我的想法只是把本职工作做好。现在回过头来看，那时候的我就如同一条咸鱼，对未来根本没有什么想法。当然不久后我有了不同的认识，那时候我产生了和大多数产品经理一样的梦想（当然现在在我内心深处依然存在这个梦想，只不过对产品的定义更宽泛了）——用我的产品改变世界。有了梦想就有了动力，所以后来我做什么都非常起劲儿。但随着个人的成长，我越来越意识到一个人的能力极其有限，能改变的东西很少，所以我换了一个思路：改变世界不一定要亲自动手，我可以"尽可能地去了解世界，然后告诉更多的人"，人群的整体素质提高了，大家可以一起去改变世界。于是我从2007年开始写博客，希望用我的知识影响更多人，让更多的人加入我的理想阵营。再之后，借助一个偶然的机会，我的《人人都是产品经理·入行版》上市了，它讲的是一些基础的方法论，是我作为入门级产品经理总结的一些常规方法论。随着我的工作经验的丰富，我又总结出了第二本书《人人都是产品经理·案例版》。这本书的重点在于对产品的介绍。第二本书上市之后，我发现相比产品，我对产品背后的人更感兴趣。于是又有了第三本书《人人都是产品经理·思维版》。它更强调产品思维，因此受众更广，主要面向"泛产品经理"（我自己定义的一个词）。2020年，我的第四本书《人人都是产品经理·创新版》出版了，这本书内容更实用，介绍了一套可操作的产品创新方法论，它面向的就是产品负责人，包括企业主、经理人、中层管理者、高管等。

上面这四本书，每本都来自我的一段经历，也是我对改变世界理念的一种尝试。而我之所以通过图书分享我的经验，就是上边说的原因，让更多的人加入我的理想阵营，同时让他们具备足够高的技能水平。但是后来我发现，仅通过图书来实现这个理想依然很难，于是我用设计产品的思路去设计人生，把理想落地成目标与奋斗方向——做老师、做教练、做顾问，这样可以直接影响一批人，而不是像图书那样只能在背后默默祈祷读者能自己领会。

此时有人可能会问了："你的理想实现了吗？若是没实现，你是否认为自己的理想设置得太高了？"显然，我现在距离改变世界还差很多，但是我不认为自己的理想设置得有什么问题。因为我觉得理想本质上都是为了自己过得更好。个人的成功、幸福，都应该取决于自己，而不是取决于外界的评价。我们的理想可以是事业成功，可以是家庭幸福，也可以是平淡地过一辈子，甚至是"今朝有酒今朝醉"，具体是什么并不重要，是否能真正达成也不重要，关键在于这个理想是否真的为你内心所认可。若是，那么你就是个内驱的、有理想的人。有明确理想的人，会过得开心，也会让别人敬佩和羡慕。只要为理想努力过、付出过，在通往理想的路上不停地走，最终是否走到终点已经不重要了。

但是，理想和现实总是有差距的，如何让理想成为现实，这也是人生最大的问题。"只有理想，没有现实"是空想，"只有现实，没有理想"是蛮干，所以，我们其实一直在把理想和现实从两边往中间凑，努力改变环境、锻炼自己做想做的事，也努力说服自己做"要做的事"和"能做的事"。寻找理想，就是把"要做的事""能做的事"都整合成"想做的事"。我们不断努力扩大"想做、要做、能做"三者的重合部分，这就是你的理想，也是你的咸鱼翻身的动力源。所以说，作为产品经理，最重要的是有理想。理想甚至可以是一个永远达不到的目标，因为这样你可以为之奋斗一生。

2. 将产品思维运用到方方面面

什么是产品？狭隘来理解就是我们要生产出来的供用户使用的交付物，广泛来理解，可以说万物皆产品。你可以认为一个人就是一款产品，一段生活是一款产品，也可以认为一份事业是一款产品……所以，作为产品经理的我们，应该有意识地把工作中总结得到的产品思维运用到方方面面，从生活到工作，从个人到组织，从虚拟到现实，让产品思维给我们以指导。

最近两年我经常说一句话：把自己的人生当产品来做。这就源于我近几年对产品和产品思维的一些体会和理解。我发现将产品思维灵活应用到生活中，可以让我既做诗人又当将军。而既做诗人又当将军，就是我生活中的理想之一。

在这里我想放上十几年前写的、在各种场合多次读过的一段话：不是每个人都能以产品经理为业，但在我看来，产品经理是一类人，他做事的思路与方法可以解决很多实际的生活问题。只要你能够发现问题并将之描述清楚，转化为一个需求，进而转化为一个任务，争取到支持，发动起一批人将这个任务完成，并持续不断地以主人翁的心态去跟踪、维护这个产物，那么你就是产品经理。

至少，你已经是自己的产品经理，这才是"人人都是产品经理"的真谛。

3. 个人品牌是突破职业瓶颈的关键点

对于职业瓶颈、个人品牌和理想三者的关系，我想先来讲一个小故事。

A 山庄和 B 山庄各住着两个青年 x 和 y，他们每天都要到山里的小河边打水。几个月以后，青年 x 发现青年 y 好几天没来了，于是很担心地去 B 山庄探望，这才发现 y 已经利用这几个月的时间在山庄里打好了一口属于自己的井。

在这个故事中，水就相当于品牌，河水（或者说外因）是企业的公有品牌，而井水（或者说内因）就是个人品牌。两个山庄的人都必须去小河边打水，这对于个人来说是就职业瓶颈，自己的发展受限于外因。面对这个瓶颈，青年 x 的做法是听之任之，不求改变；青年 y 的做法是，树立"打造个人品牌"（打一口属于自己的井）的理想，然后每天都会主动抽时间向着理想迈进一点点。最终的结果不言而喻。

我觉得每个人都应该打一口属于自己的井，这样就不用再担心"河水的涨落"。但"打井"并不只是为了自己，它在客观上会加速公司和个人的成长。

"只有个人在成长"是不合逻辑的：员工是拿钱的不是付钱的，所以心态上就不能只抱着学习的态度做事，不然就会遭遇瓶颈。况且，如果没有实战，光靠理论如何进步？

另外，"只有公司在成长"也是没道理的：员工不是机器人，如果要求他们只做事不成长，那么就算公司成长再多，也会因为没法享受员工成长的附加值而带来各种管理问题，长远来看这是一件很不划算的事。

那么对于个人来说，到底该如何打造个人品牌？我找到一种很简单的"打井方式"——写作，坚持写。有了在工作中积累的实战经验与心得，我才有东西可写；将写的东西分享给大家并收集反馈,我才能提高,才能更好地工作。这样工作与个人成长相互促进,非常和谐。而通过"打井"的过程,我可以慢慢积累,形成自己的职业保障。我记得有一次培训的时候老师说:"就业保障会降低一个人的竞争力,职业保障可以提高竞争力。假设有一天,公司突然不需要你了,或者你发现自己在职业发展方面很难再有进步了,这时候你不用主动去找工作或探索各种突破的方向,会有一堆公司排着队请你去,这才是真正的保障。"这应该就是"个人品牌"吧。

"打井"的过程重于结果,最后的那口井只是水到渠成。如果把自己的一生也看成一个产品,那么我们可以把产品品牌建设的招数用到个人品牌建设上来,其实两者在很多方面是相通的,设计、市场、销售、运营、推广……

我给产品人的 5 个建议

1. 只为"似我者"做好产品

做产品的人都知道,我们代表不了用户,取巧的方法就是代表"似我者",为"似我者"做好产品。所以,每个产品经理都梦想着改变世界,但是梦想终归是梦想,我们还需要回到现实,去努力为"似我者"做出更多好的产品。比如我自己,就一直在为"似我者"——"泛产品经理们"做一些事,这就是我职业发展的最优解决方案。坚定地走下去,因为杠杆效应,几年就有了成果,如果再做 20 年会怎样?我对此信心十足。

2. 学会及时止损

我觉得无论是做产品还是创业，最应该避免的错误都是：在错误的方向上花太多的精力，或者说是投入太多的资源，包括人力、时间。投入大量资源之后才发现方向是错的，会导致所剩资源不足以支持你转向，这时你就会很快进入事业甚至人生的低谷。所以无论做什么，都要学会随时回头看，自我反省，若发现问题，要尽快止损。虽然说得很简单，但是这是我的整个产品创新方法论的核心理念之一，值得大家深思并执行。

3. 学会平衡公司目标和用户目标

产品经理在做产品的时候，必须学会**平衡公司目标和用户目标**。好的产品一定能解决用户问题，同时也一定能满足公司的战略需要，这两者是缺一不可的。我看过很多只满足公司战略需要的产品，公司想往这个方向走，但始终没有找到用户的价值点，最后的结果是产品做不下去了。我也看到过很多用户觉得很爽但很难商业化的产品，因为这样的产品和公司的目标很难进行匹配，最终必然会被砍掉。站在用户的角度说，这样的产品被砍掉是非常可惜的。所以要想产品成功，公司目标和客户目标必须兼顾。

4. 学会平衡技术追求和市场需求

产品经理在做产品的时候，还必须认识到**产品创新会碰到的两大风险**：技术风险和市场风险。第一个风险关乎你能不能把产品做出来，第二个风险关乎你的产品做出来后有没有人要。我发现很多创业公司或者创新产品，过于关注了两者中的某一个，比如有的公司总在强调自己的技术特别牛，手里有很多专利，有很多硬核的黑科技，但我们去市场一看，发现其产品根本没法打动用户。而有的公司又过于强调市场，其会说自己产品面对的用户痛点特别大，需求特别强烈，但等到产品落地时却发现，这样的产品自己根本没能力实现。所以技术和市场面缺一不可，产出一款好产品，其实就像在走钢丝，必须在很多维度上做到平衡。

5. 坚持写作，3 年后你会有意外收获

最后给大家分享一个特别实用的小建议吧。大家应从今天开始，从当下开始记录自己的工作、生活，至少每周写一篇不少于 500 字的心得体会。这些文章最重要的读者是你自己，当然如果你愿意把它公开发表出来也没问题。试着坚持 3 年，然后你会遇到一个完全不一样的自己。当然，有人可能会觉得这是件很难的事，其实这并不难，因为我已经坚持十几年了，所以你们才能看到现在的苏杰。

最后的最后，还要强调一下：尽信书不如无书。期望只通过一本书就了解某个领域的全貌是不切实际的，所以，多看、多听、多想、多做。一个人成熟的标志之一，就是脑中可以同时容纳多种不同的观点而无碍于行事。

02

我的产品进阶之路——3 次转型背后的逻辑与方法

——唐韧

大家好,我叫唐韧,是一名产品经理。我的成长经历其实非常简单。我出生在一个小地方,通过读书来到大城市,毕业后成为一名"北漂"。我没有什么背景,也没有什么运气,跟大多数人一样,从基层起步,不断追逐自己的梦想。

回看：我的产品之路

我最初选择的职业是程序员，我喜欢技术，因为它纯粹。后来我转型成为一名产品经理，我热爱产品，因为它充满不确定性。我有技术和产品的双重经历，所以更清楚产品经理对技术的需求，于是我把自己对技术的理解写成了一本适合产品经理看的书——《产品经理必懂的技术那点事儿》。

为了记录自己的成长，我坚持写作 10 年，收获了很多读者的支持。后来我带着梦想开始创业，4 年的创业过程让我明白了自己到底想要什么。之后我抱着学习的心态进了互联网大厂，在那里我知道了什么叫体系化。

我是个喜欢折腾的人，过去 10 年从事过 3 种职业，同时也完成了 3 次转型。在我看来，这背后都有一个核心主线：把自己当成一款产品去打造。

如今，我是一个自由职业者，不上班，但天天工作。我运营着自己的公众号，积累了 7 万多名读者，他们大多是产品经理。我经营着一个产品经理社群，已经聚集了 3000 多名来自各行各业的优秀产品人。

即便离开了公司，我依然在做产品。我喜欢产品，我热爱产品，我会用产品的视角观察世界，用产品思维解决难题，并不断探究现象背后的逻辑。你可能会好奇，我是如何从一个小白一路逆袭过来的？我是如何完成产品进阶之路的？接下来，我会一一为你解答。

读书：靠读书走出大山，眼界决定认知

我是从湖南一个小县城出来的。也就是最近这两年，我的家乡才摘掉国家级贫困县的帽子。小地方的人有一个局限，就是见到的东西比较少，在面对新事物时，反应总会比大城市出来的人慢半拍，甚至是慢几拍。走出去，成了很多小地方的少年读书的目的。我也不例外。

去更大的城市，去看更广的世界，去接触更多的人，一切都是为了改变自己的命运。

高中毕业之前的 18 年，我基本都在小县城度过。高考成绩不算好，勉强上了一个省内的二本，学的专业是信息管理与信息系统。说实话，这个专业对我后来的职业发展还是起到了不小的作用的。因为这是个混合专业，经管、财会和计算机技术都会学，这些对做技术和做产品都有帮助，尤其是对做产品。20 岁之前，我到过的最大的城市就是长沙了，那时的我没出过省，没坐过飞机，没坐过火车。

我的第一个转折点发生在大学临近毕业时，那时我决定考研。

2010 年湖南的冬天特别冷，自习室也没有暖气，脚都会生冻疮。我很努力，运气也不错，考上了研究生，因此有机会去北京。

研究生复试的时候要去学校，那是我第一次坐火车，第一次出省，也是第一次到首都北京。为了省钱，我买的是一张直达坐票，从长沙出发大概 13 个小时到北京。那一夜，我基本没睡，那种心情，很多人无法理解。

到北京西站下车出站后，我仿佛进入了一个新世界。我没

坐过地铁，买票就鼓捣了半天。上了车又生怕坐过站，就一直盯着地铁站牌。到学校了，在附近找了家便宜的酒店住下，然后就去学校里逛了逛。第一次进入这么大的校园，还是有些震撼的。我读研的学校是北航，位于北京市海淀区知春路，据说那里是很多互联网公司的发家之地，字节跳动早年就在我们宿舍对面的小区里办公。

复试很顺利，第二天我就准备回去了。离开前，我特意去天安门、故宫和鸟巢转了转，当时就在想：北京，我还会回来的。

回去后没多久，我就收到了录取通知书，那一刻，我开始对未来有了期望，也是第一次对梦想照进现实有了期许。本科毕业后，很多同学开始了职业生涯，而我在享受完最后一个大学暑假后，开始准备北上。假期我也没闲着，开始自学 Android 开发。也正是从那时候开始，我踏入了即将爆发的移动互联网领域。那一年，是 2011 年。

因为是从小县城走出来的，所以我需要付出比别人更多的努力才能跟别人站在同一条起跑线上。不过没关系，努力是不会被辜负的。越努力、越幸运，经历得越多看到的就越多，而眼界决定了认知。

趁早：面对机会，"早"就是优势

从 2012 年开始，中国正式进入移动互联网时代。似乎一夜之间大家都用上了智能手机，各种 App 也层出不穷。在这种背景下，行业开始发生巨变，行业内的公司也敏锐地嗅到了这种变化，纷纷开始往移动互联网转型。

2012 年和 2013 年，我参加了很多行业会议，正是在这些会议上，聆听到了很多业内专家和前辈的分享，开阔了眼界，也更深入了解了移动互联网行业。记得 2012 年参加移动开发者大会，第一次在现场看马化腾演讲，那种激动的心情至今难忘。那一年，微信还没有普及，如今很多广泛使用的互联网产品还没有诞生。但正是从那时候起，很多力量开始积蓄。我也想在这个百年难得一遇的机遇期做点什么。

当一个行业快速发展时，一定是有更底层的驱动因素在发酵。移动互联网的到来，是因为 4G 网络和智能手机的普及。所以，基于移动端的技术、产品、设计、运营，一定是未来的趋势。这是我在 2013 年时的想法，现在来看，当时的想法已经成为现实。

研究生入学前，因为提前半年开始学习专业课程，所以我的进度比班上的同学都要快，老师上课的内容我基本不用听都能懂，那时听课更多是一个加深印象的过程。课余时间，我继续研究 Android 开发。因为那时候可参考的技术资料比较少，所以看的大部分是国外的技术博客或者官方文档。虽然全英文的资料读起来比较吃力，但我还是死磕下来了。

当时有同学劝我去做塞班开发，或者做后端开发，说这才是当下最火的。可我发现当时已经有很多人开始用 Android 手机和苹果手机，虽然都是手机，但这些手机和诺基亚等传统手机已经不是一个时代的东西了，所以我选择了当时看来比较小众的一个开发领域。因为当时国内从事 Android 开发的工程师还很少，而很多公司都有了开发移动端 App 的需求，所以我这个吃螃蟹的人享受到了红利。

因为技术水平不错，班上很多同学都知道我，为此应大家要求我在课后还给他们开过小灶——教授 Android 开发基本知识。很快，有个同学介绍了她朋友给我，说是有 App 的项目要做，但找不到人。在了解需求后，我接下了这个活儿。当时这个项目给我的报酬远超我的预期，完全可以支撑我在北京独立生活，不用再依靠家里。

当年我利用课余时间做了很多项目，包括给 TCL、海信、创维做进销存客户端，给北京奔驰做汽车导购客户端。后来还做过一个大项目，给某国企做一套智能车载终端。这个终端是软硬件一体的，我负责其中的软件开发。之后，这套系统顺利投入商用，运行在很多货运汽车上，构建了一套货运车联网。

就这样，我在上学期间做了很多项目，完全没有休息时间，白天上课，晚上写代码，周末去现场做测试。经常一个人坐最后一班地铁返回学校。那段日子，我累并快乐着，因为我能感觉到自己每天都在成长。

经过这段折腾的历程，我积累了很多项目经验，也对技术有了更进一步的了解，同时赚到了第一桶金。这也坚定了我之后要投身移动互联网的想法。因为，我看到了未来，并且相信它。

当机会出现时，不要犹豫，和机会相伴的一定是风险和不确定性，要学会勇敢面对它们。很多人害怕风险，因为那种不确定性带来的恐惧感让人特别不适。但抓住机会的人一定是在非常早期的时候就勇于面对风险并开始尝试的人。当所有人都认为是机会的时候，实际上机会已经过去了，至少传统意义上的红利期已经没有了。早，就是优势，一切都得趁早。

实践：从小白到专家，实践密度和实践质量的化学反应

1. 初入职场，疯狂实践

我的职场第一站是爱立信，当时在那里实习了半年左右。之所以去那里实习，是因为我们学校和爱立信建了联合实验室，而我当时的企业导师是爱立信的技术总监。在那里，我第一次体验到职场工作，见识到大企业，尤其是外企的工作方式和工作氛围。

在爱立信实习的那段时间，我负责管理校企联合实验室，也带领一个小团队开发了很多移动端 App。当时基于手机传感器开发的一款记录健身次数的产品——"感应健身"还登上了苹果 App Store 免费排行榜的第 17 位。那一年，是 2013 年。

在那段难忘的日子里，我白天上课，晚上泡实验室，最晚的时候搞到凌晨 4 点才回宿舍。周末在外做项目，根本没有时间休息。正是这种死磕，让我获得了超出常人的成长。之后，我从爱立信离开，开始寻找自己职业生涯的真正起点。也就是说，我要正式找工作了。

作为一个从小地方走出来的学生，我在两年的时间里，就在知识、眼界、能力、经验等方面都有了提升，并具备成为一个职场人的基本特质，这是非常不容易的。毕业的那一刻，我已经具备了 8 款产品的设计和开发经验。我还能同时开发 Android 和 iOS 应用，且具备基础的后端开发能力，还能自己设计产品原型并搭建产品框架。

2. 创业，接近自由的冒险选择

创业，是始终埋在我内心的一颗种子。可能是受一些名人传记的影响，我特别向往创业，觉得那是一条通往人生巅峰的路。可实际上，跟我同龄的人大多数都会有大公司情节，普遍认为大公司才是毕业生的首选，那里稳定、有发展、待遇好。可当时的我并不这么认为。

毕业后我面试了一些公司，拿到了一些大厂的录取信，也拿到了一些当时还是创业公司但现在已经是超级大厂的录取信。可是，后来我都放弃了，转而加入了一个创业团队。我决定加入这个团队时，他们连自己的办公室都没有，而是借其他公司的一个会议室来办公。

让我下决心加入这个团队的因素有如下几个。

（1）这是一次创业机会，我需要一个创业的舞台和机会，而不是按部就班地打工上班。我内心十分清楚，打工是无法实现我的理想的。

（2）这个团队所选的创业领域是互联网医疗，这个领域结合了移动互联网技术和医疗行业，这在当下是一个可满足刚需的行业，同时还符合技术发展的趋势。

（3）创始团队从人员资历、资金、背景上看，绝对属于豪华型。用现在的话说，这个团队天时、地利、人和都具备了。

（4）我的直属领导是我之前实验室的企业导师，这种关系能帮助我快速成长。

基于此，我没有考虑薪资、办公地点和未来失败的可能，就直接加入了。我所在的产品技术团队最初只有4个人，我们有的负责前端、有的负责后端，我负责产品经理相关工作。

我入职那天，我们写满了一黑板的计划，拍了个照就开始干活了。从讨论业务、产品、需求、架构、实现，到构建团队工作方法和流程，制定开发规范和团队管理规则，甚至包括设备采购、人员招聘、财务报销等都是我们自己完成的。

后来，我们有了自己的一个小办公室，地点在国贸附近的华彬大厦，其实也是借用的，是别人临时不用的会议室。随着业务和需求的明确，我们自己设计开发的第一版产品上线了，那段时光真的非常难忘，连加班都是快乐的，根本不会觉得累。

随着产品的发展，我们这个团队的人数也逐渐多了起来，6个、8个、12个，最多的时候有将近40个。我们也有了自己的第一个办公室，地点是国贸的银泰中心，虽然不大，但这里承载了我们的梦想。随后，公司、业务、产品、团队都快速发展。很快，我们就搬到了更大的办公室，在国贸的中海广场，团队也超过了百人。

正是在这个团队，我从一个青涩的学生蜕变成一个成熟的职场人，从自己做事发展到带人做事，从单打独斗发展到带领团队作战。虽然还有很多不成熟之处，但我一直在努力，一直在变化。也是在这家公司，我从程序员转型成为产品经理。从技术转型到产品，对我来说是一次很大的蜕变。

创业是一次冒险，但我更愿意称之为接近自由的冒险。很多人觉得创业是通往财富自由之路的一次选择，起初我也是这么认为的。可后来我发现，创业不仅可以获得财富上的自由，还可以追求自我的自由。做什么事、怎么做，以及要做到什么程度，在创业过程中对这些的掌控感是最强的，或许这才是有这么多人对创业着迷的原因。因为自由，所以创业。

深造：进入互联网大厂，实践点、线、面的选择

从 2014 年到 2018 年，我一直处于创业状态，那是一种不知疲惫的努力，但再努力，也终有疲惫的一天。创业成功率低，这是一个不争的事实。对我来说，是继续坚持下去，还是走一条新的曲线出来，成了摆在我眼前的两个选择。

2018 年，对我来说也是关键的一年，同时也是变化很大的一年。经过反复考虑以及对自身未来发展的评估，我做出了一个决定：离开创业团队，去一家业务规模和产品体量更大的公司。

促使我做出这个决定的几个关键因素如下。

（1）创业团队的规模以及产品体量已经无法与我对自身成长的诉求相匹配，我需要一个更大的舞台去学习和沉淀。

（2）我没有经历和参与过大型组织协作，没有参与过大型产品的设计和开发，这些会成为我的短板。

（3）我所在的行业和产品领域是互联网医疗健康，我认为在这方面我有更大的发展机会，我需要一个契机。

（4）在个人职业履历上，我需要多一个亮点。说白了，我要进大厂。

基于这几点考虑，并对当时一些大厂的业务布局做了了解后，我期望进入阿里或京东。经过慎重考虑，我选择了京东。其实，选择京东的理由很简单。

（1）京东的医疗健康业务正在快速发展中，而且它的电商基因对医药电商能起到足够的后盾作用。

（2）医药、医疗、健康服务、保险业务京东都有涉及，所以京东能构建独立完整的医疗健康服务闭环。

（3）京东是一家大型互联网公司，不管是产品体量还是组织协作方式，跟小公司都有很大的不同。在这里，我能学到的东西更多。

在京东那段时间，我负责和参与过的项目有3个，分别是B2B业务的销售管理系统、B2C的京东大药房、打通在线医保支付的健康城市项目。其中，参与时间最长、影响力最大的项目是京东大药房。我和团队小伙伴完成了医药交易系统全流程的改版和用户体验优化。而最具里程碑意义的项目是健康城市，在很多人的努力下，我们帮助京东首次实现了在线医保支付。

可能很多人不知道，在京东购买OTC和处方药，走的交易流程和京东主站并不是一个。所以，这个流程下从商品详情页到购物车、结算页、收银台以及订单都是一套独立的体系，使用的是京东中台的服务。也就是说，很多个性化需求都需要我们自己开发或者找京东主站的团队配合完成。

在所有人的努力下，京东大药房很快就在全国在线零售药房销量排行榜中位列第一名，年GMV近百亿元。之后，京东把医疗健康业务独立出来，成为京东健康，和京东零售、京东物流、京东数科是平行的子集团。现在，京东健康已在香港上市。

我在京东工作的时间不满两年，收获还是挺大的，经历了两次618和一次双11，从内部见识了一套体系是如何完成如此大规模的线上线下联动的活动的。京东是我唯一待过的互联网大厂，也可能是我最后一家公司。

2019年7月，我离开京东，开始了自由职业生涯。

延伸:打造稀缺价值,从做副业开始

1. 写作,是这个时代最好的自我表达

其实早在 2012 年我就开始写作了,当时在 CSDN 博客写技术文章,先后写了近 150 篇,累计访问量近 300 万。那时候还没有自媒体的概念,也没有个人品牌的概念,写博客的人都自称博主。

后来转型产品,我开始在一些产品社区输出关于产品实践和思考的文章,累计更新文章近百篇,因此也积累了一些读者资源和影响力。再后来,我把写作阵地搬到了微信公众号,从 2012 年至今,已经写了很多与产品、技术、个人成长、职场进阶相关的文章。写作,已经成了我生活中很重要的一部分。

如果说是什么成就了如今的我,10 年前开始写作的那一刻是关键的一步。受益于写作,我获得了很多超出预期的机会,认识了很多圈层之外的人。写作是最高效的社交方式。

2016 年,我出版了自己的第一本书,一年后,这本书改版后再次出版。书的内容是以产品经理的身份去讲述对技术知识的理解。到现在,这本书已经销售了近 3 万册,也算是一本畅销书了。

其实创业那 4 年给我最大的感受就是,很多事得实际动手去做才会有反馈,光想是不会有结果的。要做,就得坚持做,三天打鱼两天晒网是不会有结果的。现实总是超出理想,你只有贴到地面上,才知道地面平不平,你只有足够低,才知道前面到底有

哪些高山。

如果你问我写作最大的好处是什么，在我看来，就是能将自己的思维落地成产品。就像我们构思和设计一款产品一样，起初都只是一个模糊的想法或者一个概念，通过不断的打磨和设计，最终成为一款能提供价值的产品。

写作也一样，这个过程就是将自己的经验、能力、思维外化成一套文字，然后以此去服务和帮助更多的人。写作的人，通过这个系统化、结构化的过程，有机会对自己的经验、能力、思维进行一次整体复盘，这种二次提升的体验，只有写作的人才明白。那种感觉，就像把不完善的自己重新规整了一遍，通透！

说错了话是有机会重说的，但对于写作来说，一旦下笔成文并发表，就需要经受读者的检验。一部好作品，能经历 5 年甚至 10 年而不衰。这跟做产品是一样的，好作品要经历构思主题、定位人群、拟定大纲、充实内容、补充完善、修订、再修订等一系列步骤，就可以交给出版社准备出版上市了，之后也可能要再次迭代。这就是一次完整的产品生命周期。完成一次写作，其实就是完成了一次实践总结以及方法论建设。这个经历，对自我提升的帮助非常大。

什么人适合写作？

首先，他一定具备极强的表达欲。不一定是口若悬河，但必须在看到、听到、想到并形成观点后，有憋不住想获得外界反馈和认同的冲动。

其次，他一定具备极强的心理承受力。不是每个观点都会被接受，他必须有底气接受来自外界的质疑，并且不会因此而停止表达。

最后，他一定具备极强的毅力。写作是一件枯燥又劳神费心的事，经得住诱惑并且能沉下心来写作的人，一定都会被时间眷顾。

除此之外，写作技巧和表达能力都不是写作的必要前提，因为这些总能在后天的练习中逐渐获得。写作的人，虽然大部分时间都在闭门创作，很少与外界接触，但他们是通过作品这种高效的渠道来社交的。

如今互联网这么发达，一篇文章、一本书，如果得到读者的喜欢和认可，会很快传播开，可能一下子就会有几万甚至几十万、几百万的人想与你建立连接。这种社交效率不是线下能达到的。并且，通过写作有机会连接到圈子内和圈子外的各种人脉资源，这里可能蕴藏着你的下一次发展机会。

写作让我的社交效率得到了极大提升。因为写作，我认识了行业里很多专家，也结识了以前只能仰望的大佬。与他们沟通和互动带来的收获和提升远超过看几十本书，你说还有比这效率更高的社交方式吗？

所以我说，写作是这个时代最好的自我表达方式、最高效的社交方式，同时也是打造个人影响力并树立个人品牌最直接的方式。

2. 副业，赚钱不是唯一价值

近两年，"副业"这个话题挺火的，也有好多人开始做自己的副业，成为了"斜杠青年"。一说起副业，有人就会觉得这是不务正业，所以会对此带有偏见。比如之前就有人跟我说："你还有时间写文章，工作量一定不饱和吧？"

其实有很多人都把副业干成了主业。比如说我，我以前是写代码的，之后"不务正业"地开始画原型，最后变成了产品经理。做产品后，又开始"不务正业"地写文章，后来出了一本自己的书，变成了一个业余作家，还有幸认识了一大批读者。

我身边做产品的朋友，其中很大一部分是半路出家的，从技术转产品的，从设计转产品的，从交互转产品的。他们的转型都是从"不务正业"开始的。所以，在我看来，副业是给自己提供了一种新的可能性，让自己所处的赛道和领域不至于成为唯一选项。说不定有的设计人员天生就适合做产品，但之前入错了行。

近些年，我接触了很多做自媒体的朋友。他们基本都不是科班出身，但因业余时间坚持写作，慢慢形成了自己的写作风格，也吸引了一批读者。之后他们逐渐找到商业模式，然后成为全职自媒体人。相比上班，他们活得更自由，更热爱现在所做的事情，同时在不断创造着价值。

很多人觉得能赚钱的副业才是值得做的副业。确实，利用副业进行增收是一个不错的状态，但我想说，赚钱不是副业的唯一价值。

在这个社会上，我们都有自己的角色。在工作中，我们运用自己的专业技能去创造价值从而获得收入。但是你有没有想过，假如你的专业技能过时了，或者你的工作岗位丢了，接下来怎么办？所以我认为，副业的另一种价值是给自己创造一种新的可能性。哪怕这件事暂时还不能为你赚钱，但至少能成为你的备选。这一点非常重要。

副业最好是那些你感兴趣、擅长、愿意投入时间和精力的事，这类副业会为你提供长期做下去的内驱力。写作对于我来说就是如此，因为我喜欢，所以我一直在做。任何事的发展都会有一个过程，做副业也是如此。做副业绝对不是丢一块石头下去就会出水花的过程，而是铁杵磨成针的过程。

聪明的人都善于折腾，不折腾就没有新的可能性；没有可能性，就不会诞生新的机会；没有新机会，人生就很难有新的发展。与其抱怨没成长、工资涨不上去，还不如想想怎么给自己制造一些新的可能性。

如果你觉得自己目前处于迷茫期，或者对当下不满，可以试着多在可控成本范围内折腾一下，拓展一下自己的副业，哪怕是当成一个爱好，也算是给自己多准备一条可选的路。

至于做什么，因人而异。做产品的可以深入研究一下技术，做技术的可以深入研究一下产品，对业务、数据、增长感兴趣的人，别停留在想法层面，先动手。对于任何一个自己不熟悉的领域，都应先解决信息差问题，可以通过搜索、查阅资料、请教他人来完成这个过程。如果一直对某一行业好奇，那就直接去了解、去尝试，如果不去干，想法永远是想法，将来就会成为遗憾。说不定哪天，你的一技之长或者爱好真的会成为你的下一个职业机会。

离开京东后，我给自己制定了一个战略规划和个人增长模式，现在看，这套模式运行得还不错。除此之外，我也为自己的个人成长和发展建立了一个增长模型（见下图），在这个模型的推动下，我可确保自己始终处于向上的状态。

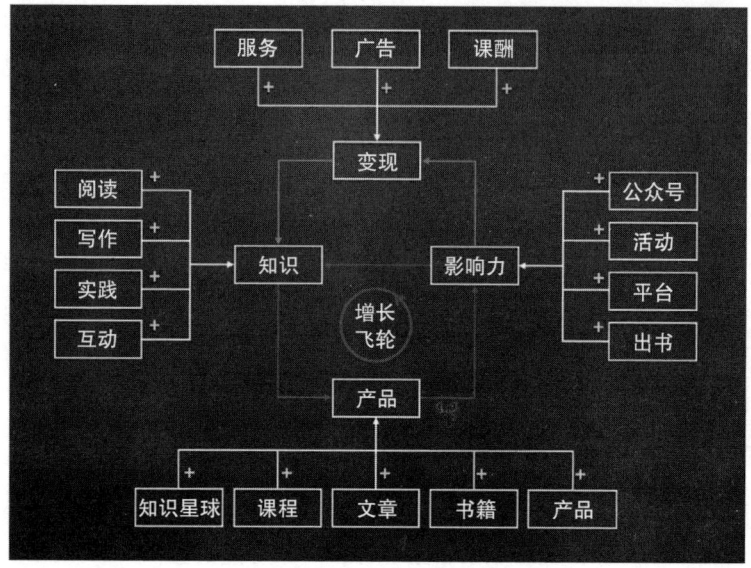

对抗：保持对抗，让自己始终处于增长状态

1. 坚持读书：进入心流世界的钥匙

对我来说，读书是和过去的自己进行对抗的一种方式，它改变了我的习惯，增加了我的知识，让我成了另一个自己。

如果让我选出这些年对我影响最大的一件事，那一定是读书。其实我以前不喜欢读书，觉得麻烦，也认为在书里得不到什么东西。而且，读书是一个比较漫长的过程。可当我真正拿起书读起来以后，我发现"书中自有黄金屋"真的不是吹的。读书带来的快感不是用语言能描述的。

关于读书，很多人的第一反应就是：要读什么书？在我看来，读什么书取决于当下你要解决什么问题。比如早年我读了很多技术类书籍，那时我正走在技术学习的道路上，有很多需要补充的知识。后来我又读了很多名人传记，那是因为我想知道他们的成功是如何取得的，我能从中学些什么。再后来，我又读了很多产品和经管类的书籍，那是因为我有实际工作需要。要解决什么问题，就读什么书，这样一方面能给你带来实际的帮助，另一方面能给你带来足够的驱动力。

没有读书习惯的人很难理解那种心流的状态。所谓的心流，在我看来就是沉浸在自我世界里，在不受外界干扰的情况下去思考，去尽情遨游。我读书有个习惯，除了学习知识外，还会基于书的内容开启联想。基于一个观点、一个案例、一个知识，我会联想到很多之前实践或思考过的东西。我认为这种读书方式效果非常好。

此外，读书不在于读得多快，或者读了多少本。哪怕你一年只读了一本书，只要这本书能给你带来很多的联想和思考，那么这次读书就是有价值的。读书的目的是从书中获取到更多的知识和认知增量。需要注意的是，不是所有的书都值得读。如果一本书看完三分之一还没有什么收获，那就应尽早放弃。

读书对我来说还有一个非常重要的作用——帮助写作。尤其是没什么话题可写的时候，我都会拿起一本书开始读，不超过20分钟，绝对会形成不错的写作主题。原因就是书中的知识、观点、认知会让我产生联想，促进我思考。

如果你还没有读书的习惯，那我建议你现在就开始尝试。哪怕一天只读上几页，那一个月、半年、一年后，你会看到自己的变化。

2. 坚持跑步：每个人都需要一种阻力和驱动力

我喜欢跑步，这个习惯坚持很多年了。跑步对我来说是另一种和自己对抗的方式，在这种对抗中我能清晰感受到什么叫坚持。跑步锻炼的不仅是身体，还有意志。

我大概是从 2012 年开始跑步的。最初只是为了找到一种可以随时开启的运动，所以在学校操场上开始了"刷圈"。起初跑一两圈就累得上气不接下气，慢慢地，肺活量上去了，跑的距离变长了，配速也上去了。

其实，跑步是一种重复、单调、辛苦的运动。但是，每一次到达目的地都会让人有一种实现目标的感觉，而且运动到一定阶段大脑产生的多巴胺能让人产生愉悦感。有朋友问我跑步时在想什么，这有两种情况：一是什么也没想，跑步时会进入一个自我空间，可以什么都不想，让大脑处于一个放松状态；二是可以专注地思考一件事，进入一个忘我境界，跑步是重复简单动作的过程，而思考可以基于这种简单的动作进入一种深度状态。

我一直感觉，跑步是一个寻找真实自我的过程。跑步如做事，在跑步的过程中一度会进入一个非常疲惫的阶段，这时候人们都会想放弃，但只要坚持一下，过了这个疲乏期，马上就会进入一种非常好的状态中。做事也一样，往往我们以为面对的是最大的困难，但可能这只是黎明前的一点点黑暗。

创业的时候，就算工作结束后再累，我也会坚持跑步。有很长一段时间，我都是早起跑步，哪怕在 12 月份的北京，我也会准时起床跑步。在这个过程中，我找到了和自己对抗的感觉，这既是一种阻力，也是一种驱动力。

别小看这种对抗，它会在一定程度上激发你的战斗力，很多时候疲惫、迷茫、纠结都会被这种力量战胜，让你重新找回自己，恢复最佳状态。跑步还有一个好处，就是让你体验到点滴积累的进步，从跑100米大喘气，到跑10公里不费劲，这是每天坚持换来的结果。

3. 坚持成长：让对抗成为自己的"增长引擎"

肯定有人会好奇，北漂10年后在事业发展正好的时候，我为什么要离开北京。其实答案很简单：让自己活得更舒适一些。每个人都有对自己人生的定位和需求，不是满足世俗意义上的成功才叫成功，在我看来，达到自己的理想状态才叫成功。

北京的生活压力其实不是来自高负荷的工作，而是来自房子、户口、教育。说实话，我现在也不是在北京买不起房，而是想在同等条件下，尽可能提升自己的生活品质。

我在北京搬过5次家，和同学合租过，自己独租过，住过海淀区、朝阳区、丰台区。每一次搬家，我都会感觉自己只是这座城市的一个客人。

创业那几年，我绝大部分时间都待在公司里。那时的我常透过国贸中海广场的落地窗看出去，北京西边的景色尽收眼底，觉得在北京还是有希望的。春夏秋冬轮换，住址在变，但奋斗的心始终没变。

很长一段时间，我都是第一个到公司，最后一个走，我早上比保洁阿姨来得都早。我的第一本书,就是利用早上比别人早到的那 2 小时写完的。我的很多文章,都是在比别人晚走的那 1 小时内完成的。

在北漂的 10 年时间里,我经历了很多事情,也折腾了很多事情,这种始终让自己处于对抗状态的感觉非常好,因为它时时刻刻刺激着我,让我不敢松懈。每一次对抗的结果都会换来成长,因为每一次对抗都会转为一种推力。所以我一直认为,只要保持对抗,就能让自己始终处于成长的过程中。

取舍:人生的选择不止一种

学会接受自己是一个普通人,放下对成就的执念,这是很多人都缺失的一种心态。虽然有一颗不甘的心也非常好,在某些事情上死磕是需要的,但别产生执念。合理评估自己,学会与自己和解,也是一种能力。

很久之前我就思考过一个问题:北京,是我的唯一选择吗?很多人会说没的选,只能这样。但实际上,有很多选择,只不过自己不愿接受和承认罢了。如果仅为了留在大城市而留在北京,因此搞得自己非常疲惫,甚至怀疑人生,那么为什么不和自己和解呢?

在我看来,大城市是年轻人的熔炉,它能重塑你,但无法禁锢你。最重要的是,不要自己禁锢自己。对我而言,北京是过去 10 年的精彩,它在我的人生中绝对是浓墨重彩的一笔,但它不是我唯一的选择。

北京、上海、深圳等一线城市，无疑是年轻人打拼最好的选择，尤其是在个人成长期，这些城市所能提供的信息和机会，比其他地方更多。是否选择去一线城市打拼，纯看个人选择，如果这是你期待的，不要犹豫；如果这让你很为难，也没必要和自己作对。

如果 10 年前我不去北京，我会后悔一辈子，这是真心话。但是，需要一辈子留在北京吗？我觉得未必，来北京或者留在北京不是目的。你要明白自己期望从这里获得什么。一旦得到你要得到的，对于你来说北京的使命也完成了。

对于一个人来说，10 年只是一个阶段，我还有下一个 10 年，还有多个 10 年，保持折腾、保持向上、保持思考、保持行动，这才是成长的真谛。

我给产品人的 3 个建议

1. 不要迷信方法论，做好这四件事才是正道

我经常会收到一些来自产品新人的提问，他们大多关注的是自己在新人阶段应该学什么、怎么做，以及如何快速度过这段时期。他们所提的问题，大多数都是工具如何使用、如何快速熟悉产品和业务、怎样快速具备某种能力、如何才能建立自己的产品方法论等。

我想说的是，对于产品新人而言，一定要放弃对于产品方法论的追求。

对于大部分工作 3 年以下的产品新人来说，方法论的作用其实没那么大。我一直说，产品方法论是干出来的，不是学来的。如果学来的方法论有效，那很多刚工作的产品经理应该能立马成为产品大神。

为什么这件事情没有发生？不是因为这些人不够勤奋，也不是因为他们不够聪明，而是因为方法论是后向总结的经验和规则，是建立在大量实践上的抽象结论。只知道结论，对过程无感，即便你遇到同样的问题，还是无解。所以，方法论不是学来的，是干出来的。

我见过一些资历不错的产品经理，工作三五年后，他们没有总结自己的产品方法论，但他们形成了自己处理问题的方式，简单说，就是知道某类问题应该按照什么样的顺序和流程去解决。触类旁通，他们成了这个领域的专家。这些方法、流程、规范，再经过进一步抽象就成了方法论。而这些都是建立在过去大量的实践和体验基础上的。这就如同你只有积累了上千公里的跑步量，才能轻松应对十公里的跑步，并且能很好地控制自己的呼吸和体力消耗。

如果你只是看了一些产品方法论，是不可能立刻做出好产品的。对于产品新人而言，我认为有四件事值得重点关注。

第一件事，快速掌握必要的知识和工具。

很多人一开始会着迷如何用好 Axure 和 Sketch 之类的工具，还会专门去找一些教程学习。其实，我觉得没必要。这些工具是辅助你完成设计并产出可视化方案的，学会基本的用法即可，如果你不是要成为工具使用专家，点到为止就可以了。

我最初画原型用的是 PPT，这依然不妨碍我做产品。后来我用一个下午的时间安装并学会了 Axure 的基本操作，很快就能做出我想要的效果。在这个过程中，怎么画原型图才是重要的，至于用什么画，这是次要的。

对于知识的获取，看书是最快的方法，而通过网络搜索是最直接的方法。大家得学会如何去检索自己想要的信息，并且通过收集、整理、提炼形成对自己有用的信息。知识有了，工具会了，其实应付基础的产品工作已经绰绰有余了。

第二件事，尽可能多地给自己制造实践机会。

不要怕事情不会做，不要怕任务有难度，勇敢一点，有问题就上，有机会就上，放弃学校的学生思维（要学会了才能考试）。学校的那一套在职场上行不通。先上，边干边学，在问题中学习，在挑战中进步，这才是职场人快速进阶的常态。

很多产品新人觉得工作琐碎，然后就乱了手脚。其实越是琐碎的工作，越需要你有条理地去做，这个过程会培养你的分析能力、结构化思维、快速应对的能力和处事能力，能把琐事做好才能干好大事。

第三件事，永远要留一部分精力去关注你工作之外的事情。

工作很忙，但一定要给自己留出时间和精力去关注工作之外的事情，我说的这种事情，是指比你职级高、能力强的人正在做的事情，比如你的领导。他们的工作可能就是未来你的工作，提前去关注、去感受，看看自己有没有能帮忙的，看看是否能提前尝试。相信我，你如果每周都能做一些这方面的工作，你的成长速度一定会比别人快。

第四件事，时刻保持好奇心。

在我看来，产品经理要具备的品质中有一项非常重要，那就是好奇心。这是驱动你去探索未知的动力,也是让你持续变强的动力。好奇心是一种未满足感,它会让你更敏锐,让你在面对事物时有独特的见解。保持好奇心,是成为一名优秀产品经理的必备品质。

2. 用产品视角观察问题,用产品思维解决问题

产品经理是典型的需要进行高频思维切换的人群。下面通过一个例子来说明这个问题。

在一次微信公开课上,张小龙讲到他对于微信的理解,其中就涉及微信的宣传语为什么是"微信,是一个生活方式"。

从语法严谨性上来说,生活方式应该用"一种"来形容,而张小龙用了"一个"。他的回答也很感性,他说如果用"一个",就变成了微信专用的一句话,很特别。这是他的"直觉"。

"直觉"对应的是快思考,这是基于感性情感的,张小龙觉得用"一个",更能赋予微信特别的意义。

"问题"对应的是慢思考,这是基于理性逻辑的,张小龙也知道,在语法上这个表述有问题。

每个人的成长背景和认知形成的过程都不一样,这种差异让作为个体的我们形成了独立认知,这种个体的唯一性就形成了群体的差异性。

世界上没有同样的两条河流,同理,世界上也没有同样的两个人。就算是同一个人,在不同的环境和阶段下,他的认知方式也会产生差异。这种因为经验和知识背景形成的认知差异,是我们与外界互动时产生矛盾的来源,承认并接受这种认知差异后,

我们就能采取对应的行动去缓解这种因认知差异带来的矛盾。

"方式"就是形成自己的"思维解析中间件"。"中间件"是什么？就是介于两个系统或者模块之间的中间处理系统，用来做一些协调和转换工作。

对不同思维系统之间的差异，可以构建自己的思维解析中间件，以此来化解因为认知差异产生的理解不一致和矛盾。对产品经理而言，每天都需要与各种不同背景的人进行协作。为什么很多同学觉得做产品好难？其实难的关键点在于，我们需要并行与多思维系统进行交互。

与工程师打交道，是与技术思维互动；与设计师打交道，是与设计思维互动；与业务人员打交道，则是与业务思维互动。

比如产品经理和工程师之间，产品经理说了很多产品的想法和思路（利用的是产品思维），工程师听了半天没听懂；而工程师向产品经理反馈一个缺陷，用了一些技术语言（利用的是技术思维），非技术背景的产品经理也是一脸懵。这种未经过思维转换的沟通，效率会非常低，而且双方都会很痛苦。如果在沟通中的一方有思维解析中间件，那这个局面会好很多。

产品、技术、业务、设计、战略、管理，都是不同思维模式驱动下形成的结果，产品经理如果都能灵活掌握并进行切换，那将会所向披靡。

如果说思维方式决定了我们的认知方式，那么视角则决定了我们的决策方式。人的认知路线一般是先看到或想到，这种来自外部的输入会转化为内在的思考因子。同样一个思考因子会有不同的角度，即本我的角度和外部角色的角度。

做产品的同学都会有这种感觉，似乎每个人都能对产品说上两句，人人都是产品经理并非虚构。其实这是一种假象，原因是每个人的视角不一样。

为什么说人人都是产品经理？因为非专业的用户视角，大家看到的都是产品的表现层，即产品长什么样，使用体验怎么样。这种表现层的体验，是非常容易形成差异性的，这也就不难理解为什么你认为再难看的衣服都有人买了。所以每个人都能把自己理解的差异性说出来，比如页面不好看、用起来不符合自己的习惯等。

产品视角和产品思维是一种观察方式和思考方式，现实生活中有很多的问题都可以站在这种视角来观察，也可以运用这种思维来寻求解法。

我现在在公众号上更新的文章有一部分是一些生活中的所见所闻，这些事物背后的逻辑其实都可以用产品思维来解释，同时也能给做产品带来启发。再往大了看，其实万事万物都是相通的，产品视角和产品思维对于任何问题的解决都是有效的，但需要你多观察、多思考、多尝试。

3. 从用户价值和商业价值两个方面评估产品

做了这么多年产品，我有一种感觉，产品虽然是软件技术的产物，但它体现出来的更多是背后决策者的意志和态度。每个人都有自己的世界观和价值观，每个人都有自己为人处世和思考的方式，这些都会体现在产品上。

当我们去构建一款产品时，离不开定位、需求、用户这三要素。往细了说，还有信息架构、功能结构、交互以及视觉设计。

对于大部分用户来说，他们直观看到的是产品的表现层，那些被还原成功能、交互和视觉的部分。但实际上，决定一款产品成败以及价值的往往是那些看不见的部分，是产品的定位、产品的价值观、产品的灵魂。

我一直认为产品是有生命力的，这种生命力是构建产品的人赋予的，产品价值观决定了产品做什么和不做什么。尤其是对于需求判断来说，价值观判断能去伪存真。

当我们要去设计一款产品时，不仅要设计出一款软件，还要求这款软件可以为用户解决问题并创造价值，这份价值包括了用户价值和商业价值。关于产品经理的使命，我是这么理解的：发现需求，定义产品，通过产品创造用户价值和商业价值，并使其可持续发展。

1）对用户价值的拆解

对用户价值进行第一层拆解，可以得到2个价值：改善体验和提升效率。体验和效率的升级都属于用户价值的创造。

继续对体验进行拆解。体验包括操作体验和情感体验，操作体验体现在交互方式、流程设计、响应速度、正确的反馈以及流程简化度上，而情感体验包括错误响应、异常处理和关怀设计。这类价值通常就是体验型产品经理或者功能型产品经理的主要工作，他们对用户感受和使用习惯比较敏感，同时能通过自我感知和数据来提升体验，创造用户价值。

效率可继续拆解为用户效率和运营效率。用户效率是指用户完成产品任务的便捷程度，运营效率体现在产品的可运营性上。例如电商产品，用户效率表现为用户在最短的时间内找到商品并完成购买。围绕着用户效率有大量的设计工作和策略工作需要完成。而产品的可运营性通常反映在运营的灵活性和可干预度上，尤其是电商产品，可变性极强，不同的节日和主题，都会衍生出不同的运营玩法。如果每次都要通过升级产品才能完成，那运营效率是极低的。

为了提升效率，用户价值的创造通常由很多拥有专业技能的产品经理完成，例如搜索产品经理、策略产品经理、数据产品经理、后台产品经理等。基于用户价值进行需求判断和评估，大概率能识别出很多伪需求，也能以此作为一个需求优先级评估的参考点。

2）对商业价值的拆解

如果一款产品只能满足用户需求，但不赚钱，那这款产品只能算是公益产品，而不是商业产品。如果无法商业化，产品就很难持续生存和发展。没办法，几乎所有的产品都是由商业组织设计和开发的。商业组织的存在，就是为了获得利润，这是商业社会的基本规则。

对商业价值进行第一层拆解可以得到成本和利润。"降低成本，提升利润"是所有商业活动的基本目的，在产品领域也一样。

成本可以继续拆解为运营成本和技术成本。对于一些人力成本较高的产品，可以通过技术去降低运营成本，例如智能客服和机器作图，可大大降低运营成本。另外就是技术升级，对于一些大用户体量的产品，对技术架构和系统进行优化，能节省大量硬件和软件的开支，这对于降低成本能起到积极的作用。

为了提升利润，可进行创新和增加服务性收入，这都是可行的商业化策略。广告位、会员服务、虚拟商品等都是可售卖的产品，云服务、技术解决方案等都是服务性收入的来源。

商业化产品经理、广告产品经理大部分都在从事提升利润的工作，他们为产品、为公司创造利润，保证产品以健康可持续的方式为用户提供服务。

挖掘商业价值，是保证产品和公司可持续发展的基础。但需要注意的是，商业价值和用户价值也会有相冲突的时候，此时就可以根据产品的生命周期进行选择了。

希望每一位产品人都能在自己的成长道路上持续思考、持续实践、保持向上。路虽不易且充满挑战，但这是实现我们人生价值的光荣之路。

产品如人，人如产品。祝福你们！

03

一位大厂产品负责人的自我突破

——程军

我叫程军,在互联网行业工作已有15年。我是从一线程序员做起的,曾任饿了么产品技术总监、贝壳找房总监,最多管理过70余人的产品技术团队,也是TGO会员。目前我是一名自由职业者兼独立咨询顾问,运营有个人公众号"军哥手记",运营1年多做到4万读者。今天非常荣幸有机会把我的一些过往分享给大家,希望我的故事和经验能帮助大家成长、进步。

我在饿了么、贝壳工作时对团队、市场和产品的思考

关于大厂工作心得,我想从以下三个方面和你聊聊。

1. 快速组建团队的秘诀

2015 年 4 月,我加入饿了么任产品技术总监,不过尴尬的是这个部门就我一个人。领导要我一个月完成团队从 1 到 30 人的招聘目标,我当时又开心又焦虑。开心的是可以大干一场了,焦虑的是要在一个月内找到这么多人,万一搞不定怎么办?

招到合适的人是团队成功的关键因素之一。具体到互联网行业怎么去招人,我认为有两个最核心的因素——招聘渠道和识人。

1)招聘渠道

常见的招聘渠道有以下几种。

(1)我们自己的人脉。

(2)Boss 直聘、脉脉、拉勾等招聘网站。

(3)猎头。

(4)GitHub 等技术网站及论坛。

(5)各种线下大会、线下沙龙,还有各种微信群等。

有人会说,有过几年管理经验的人都知道上面这些渠道。但当真正具体落地到工作中时,你会发现知道和做到是完全不同的概念。如何快速招到合适的人呢?选择哪些办法更合适?这些才是落地的重点。

我的做法是先对人才进行分类,我一般将其分为核心骨干、高潜骨干、一线员工这三类,然后根据招聘规划列出总人数和每

类人才的需求时间节点。其中，一线员工可以去 Boss 直聘等招聘网站找。只要多研究这类网站的攻略，就可以花更少的钱达到更好的效果。

找到心仪的人才后，在沟通中要注意平等沟通原则。通常我会先简单问候，再添加微信，从他的朋友圈观察他是什么样的人，然后找到彼此可聊的话题，并发掘他想要而又恰好是我能给的东西。具体策略我后面会详细讲。

对于核心骨干和高潜骨干，我建议还是通过朋友推荐来获取，这样比较靠谱。因为这类人才都不缺工作机会，缺的是一个相对适合自己的机会。

对于高潜骨干，还可以通过猎头渠道从对手公司寻找。对于这个渠道，我有3点建议想分享给大家。

（1）一定要找两三家适合自己的猎头公司，向猎头顾问讲清楚我们的需求，定期查看结果、反思过程，并改进方案。

（2）猎头公司并不是越大越好，有时候公司小一点，只要对方的专业度和资源投入度都足够，也是非常不错的选择。这就需要我们根据实际情况去判断和分析了。

（3）建议扩大选择范围，不要把目光只放在竞争对手公司上，思路开阔一些。

2）识人

谈到识人，各位应该都有自己的见解和做法，下面分享一个我常用的识人模型，这个模型主要分为知识、经验、能力、动力4个模块。

识人的第一步是看知识和经验。从候选人的简历和自我介绍中很容易判断出候选人的知识和经验情况。比如你想找一个高级软件工程师，数据库索引设计方法、简单的算法和数据结构理论这些都属于必备的知识，做过实际软件项目并且有一定的业务量就代表有经验。而这些信息都可以从简历和候选人自我简介中找到。

识人的第二步是看能力。这一般都需要通过多轮现场面试才能做出准确判断。墨子所说的"听其言，迹其行，察其所能"就是这个道理，即通过对方过去的行为来推测他的能力。那具体该怎么做呢？这里推荐一个模型——STAR 法则（S 是 Situation，情况；T 是 Task，任务；A 是 Action，行动；R 是 Result，结果），即在什么情况下或什么任务中候选人做了什么，带来了什么结果。比如，候选人说"我做了某某项目"，那就建议你再问问他在这个项目里面具体都做了什么事情，最后实现了什么，如下图所示。

注意，有些候选人会做假设，比如"如果我是什么，我就能怎么样"，这些是没有任何用处的信息，是无效的 STAR。这样的信息一定要剔除。当我们遇到这种情况时，就要让他具体化、典型化并量化，从而避免一些模糊、主观、假设或者不具体的 STAR。候选人说到一个观点或者结果的时候，你不但要让他举一个具体的例子，还要让他说出当时这么做的原因以及带来的问题。

因为任何事情都是辩证的，每一种技术方案或者管理方法都有其优缺点,如果候选人说不出做某件事的原委,或者你们聊得不透彻、不痛快,那只能说明他从来没有认真思考过,或者即使思考了也深度有限,那就说明对方并不是一个非常有能力的人。

识人的第三步是看动力。如何判断候选人是否有动力呢?这个动力本身其实就是候选人说服自己去换工作的内因。比如和直属上级无法合作,互相都不认可,就是常见的动力之一。

我一般会从3个框架去判断候选人的动力。

(1)职位是否适配,也就是其所在工作领域和岗位与候选人的个人爱好是否吻合,以及工作本身是否令他满意。

(2)组织是否适配,也就是组织的运作模式、价值观所营造的工作环境与候选人的个人喜好是否适配。

(3)地点是否适配,也就是工作地点与候选人的个人喜好是否适配。

要进一步展开的话,下面这个动力适配图可以清晰地说明我的观点。图中,横轴描述的是候选人对工作的喜好程度,从左往右代表从不喜欢到喜欢,纵轴描述的是候选人期待的东西在工作中有没有,从下到上代表从没有到有。

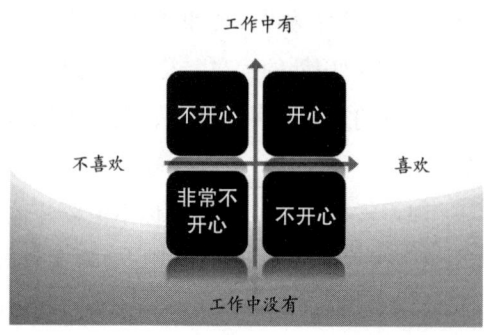

那么如何使用动力适配图呢？下面我举例说明。比如，A是B公司的员工，是我们的候选人。若B公司工作中含有A期盼的东西，但A不喜欢这份工作，那么就代表A对于B公司的工作动力处于第二象限的"不开心"。若A喜欢B公司的工作，但B公司的工作中没有他期盼的东西，那就代表A处于第四象限的"不开心"中。不开心就说明有痛点，我们按照这张图找出这些痛点并且视情况满足他，直到触动他的爽点，他自然就会加入我们的公司。

以上，就是我快速招到高质量候选人的绝招，不过招人只是第一步，后面的路还很长。

2. 千万级用户产品的市场搏杀精要

我先后在饿了么负责了3款产品，一款是饿了么早餐，一款是饿了么新餐饮，还有一款是饿了么客服中心。限于篇幅，这里仅就饿了么早餐产品进行分享，介绍这款产品是如何在市场中打开局面的。

我认为饿了么早餐市场运营主要具备3个特点——快、糙、猛。

1）快

"快"主要体现在如下3个方面。

（1）**跟进快**。2015年另一家公司发布了一款早餐产品，该产品主要解决年轻上班族的早餐问题。在它们的产品上线一个多后月，饿了么宣布跟进，公司要求我负责对这块新业务的探索。那个时候我刚加入饿了么，是名副其实的光杆司令，我们要在两周内上线这款产品，怎么办？从其他技术团队"掳"人！我先后从其他团队抽调了5个人（2个前端，2个后端，1个测试）并进入封闭式开发。

两周后产品上线，饿了么早餐来了，当月就突破每日千单的销售量。为了让这款产品尽快上市，我当时很长一段时间都没回家。但是看着自己的产品如期上线，那种满足感是每天按时回家无法得到的。

（2）**迭代快**。互联网公司大多采用敏捷迭代开发模式，一般来说，都是每两周迭代一次，但是这种模式大多都是在产品相对稳定的时候才会采用。饿了么早餐进入稳定期后，我和团队一起讨论，最终选择三周两迭代的方式，这样不仅可以高速交付产品，还可以不影响用户使用。缺陷按等级定义解决时间，整个团队就像一辆火车，有条不紊，高速前行。上线大概4个月后，我们的产品功能就已经超越了之前那家公司的产品。当时我们感觉非常自豪。

（3）**缺陷修复快**。记得有一次凌晨，告警系统发现用户不能下单，团队成员第一时间接到问题，第一时间进行处理，大概2个小时后，问题就被修复了。后来我问程序员是怎么做到如此快速响应的，他哈哈一笑说："产品就是我的孩子，我愿意24小时呵护它。"这样简单淳朴的回答让我体会到团队力量的强大。

2）糙

饿了么早餐上线两个月左右时，整个产品体系还是很不完善的。从大的方面来说，我们缺少的功能主要体现在3个方面：整个订单系统还没有设计逆向交易流程；整个早餐餐品上线还无法按照不同的地点进行定制化；对早餐供应商系统几乎没有支撑，当时只能每天定时发一批配餐的 Excel 数据。

外人看来，这个系统真的很粗糙，也经常有客户投诉，我们只能坚强地顶住压力。

不过我有自己的思考：我们产品团队只有 8 人（已比最初多了 2 个人），在当时的情况下实在没有精力完善这些功能。另外，当时我们和业务部门的核心目标都是提升订单量，显然我们要把研发力量投入到能快速提升订单量的需求之中。这个阶段要抓核心、抓重点。

这种情况必然会导致一些需求需要人工处理，但是这些都是已知问题，我们依然能保证整个产品交易是闭环状态。

3）猛

饿了么早餐在上线 4 个月后就已经达到日订单 1 万，用户增长很猛。这对每一个从事互联网行业的人来说都是开心的，因为这是一种强有力的"正反馈"。我的整个团队也因此仿佛打了鸡血，干劲十足。

我和团队一些核心员工赶紧根据未来业务量研判是否需要升级和改造系统。接下来我们开始对系统进行大流量压测，整个系统一下子就发现很多性能问题。于是我们马上意识到，公司安排 2 周后要举行一次大规模的促销活动，现在的系统根本无法支撑这样的活动。我们当时还有一些日常但属于紧急类型的业务需求要处理，2 周的时间怎么可能完成系统全面升级？

最后我们和业务部门通过深入沟通，制定了一套双赢的方案，其中重点包括 3 件事：第一件事是进行机器扩容；第二件事是进行核心代码优化；第三件事是为紧急需求重新定义优先级。三件事并发执行，而且必须保证质量。在团队成员集体加班加点工作10天后，这3件事情终于都搞定了。后面在整个大促过程中，系统整体运行顺畅。

后来业务VP评价我们：本以为用户的购买需求增长很猛，没想到你们更猛！

3. 在贝壳做社区产品的思考

2019年5月我加入贝壳，负责贝壳社区产品。因为组织架构关系（总部在北京，而我工作在上海），我并没有直接负责产品（入职之后才说先负责技术），但是我在这个工作过程中依然收获很多，下面就写出来与你分享。

我进公司3个月，完成了如下两件事。

其一把团队从1人扩充到了30多人，其中通过猎头渠道招聘到的只有3位，其他团队成员都是通过我自己的渠道招聘到的，他们大多数来自一线或二线互联网企业（美团、平安、京东、饿了么等）。我的招聘速度和质量，令HR和老板赞不绝口。

其二我负责完成了贝壳社区产品的探索，其中包括对社区快递代收和搬家两款新产品的探索。

贝壳的定位是"技术驱动的品质居住服务平台"，其希望通过聚合和赋能全行业的优质服务，为C端消费者提供包括二手房、新房、租赁和家装等全方位的居住服务。

彭永东曾表示，贝壳找房将下设4个业务平台，包括经纪平台、租赁平台、新房平台以及正着手准备的装修平台，后续还将纳入家政、搬家、维修等一系列社区服务。多业务布局实现了低频交易向高频交易的转化。说白了就一句话：打造成大居住领域的平台。

公司为什么要做社区服务产品？因为当时公司主要面临如下几个问题。

（1）贝壳从垂直类业务转型到平台，流量成本急剧升高我们现在的产品的属性是低频、高客单价。如何把现有流量价值最大化？如何降低流量成本，甚至带来新增流量？这就成为我们要解决的问题。

（2）除房源和线下标准化的服务外，还可以通过哪些服务增加我们的壁垒？我们认为主要包括提供一站式服务闭环和提供门店人效、坪效等。

所以贝壳做社区产品是势在必行，而这里的搬家、保洁、快递代收都出自我的团队。关于订单和 GMV，因涉及商业机密我就不说了。当时我觉得，这些业务的数据反馈都非常不错，值得一直在这个方向投入。

产品人快速成长的 4 个绝招

关于产品人如何快速成长，我有 4 点经验与你分享。

1. 快速正反馈

一般来说，我们走上工作岗位之后，要快速学习新东西，方法如下。

（1）在工作环境中积极主动学习。
（2）向外部优秀的人请教学习。
（3）读好书并思考和实际运用。
（4）利用碎片化时间学习。

但是我认为要快速提升学习速度，要做到的第一点是**快速反馈**。为什么这么说呢？

在工作中，我们从看别人做产品到自己去设计一款产品，是学习、复制他人经验的过程。这个过程中，必须要做到厚脸皮和不懂就问。比如曾经的我吧，这位同事不回答或者没有耐心，我就问另外的同事。问他人问题，其实就是寻求他人反馈的过程，有了反馈就要快速实践，有不明白的就要再去请教（继续寻求反馈）。

对于一些身边人都不擅长解答的问题，我会去找公司以外的渠道进行学习。比如，我关注了一批大咖的公众号，遇到问题，而恰巧有大咖发布了相关的文章，我就会去留言请教。若是大咖一直没有发布类似的内容，我会去知识星球提问并提出自己的观点，得到反馈后迅速实践。如此迭代令我获得了快速提升。

另外读书一直是我的一个好习惯，但是读书有一个很大的问题，就是没人给我反馈，没人为我解答不理解的内容，这个时候我是怎么做的呢？

我组建了一个微信读书群，召集了 100 多位酷爱读书的人。在书中遇到理解不透的内容，我就会整理后发到群里看看其他人的建议，通过外部输入给自己反馈。当然也可能出现群里朋友都不懂的情况，此时就只能想办法找作者本人询问了。一般来说，书中都会留下作者间接或者直接的联系方式，只要多联系几次，就会得到结果。

天下武功唯快不破，**要快速提升自己，可以利用正反馈方法实现单点突破。**

2. 突破边界

我先说一个观点：如果你是一名开发人员，大部分情况下，你考虑更多的是代码实现、稳定性相关的问题，也就是思考怎么做的问题；如果你是一名测试人员，你思考最多的是改动的需求对原来的功能有什么影响；如果你是一名运维人员，你思考更多的是硬件、网络正常运行的问题；如果你是一名产品经理，你思考的是为什么的问题，比如这个需求或者产品是不是用户需要的、解决了用户什么痛点，新增这个产品特性能带来什么好处和什么坏处。

每个人都因为自己的职责限制了思考，但是要快速成长，就必须有突破边界的意识。

当我在做开发时，我会问产品经理：这个功能以后能干什么？这个功能前置需求是什么？如果产品经理没想清楚或者逃避话题，那么这个需求大概率是他自己臆想出来的。

我也经常问团队中的产品经理：这个简单的需求，开发人员为什么说要花2周时间？你为什么会同意？你有没有问过业务人员，这个需求到底能解决什么问题，能达到什么样的业务目标？我们不仅要能低头干活，还要能抬头看天。

以上内容总结成一句话：**我们要能突破自己的职责边界，从一个点连接到另一个点，形成一条直线或多条直线。**

3. 闭环思维

你是不是经常遇到这种情况：你找人帮忙，过了几天他不回复你，你就放弃了？

有人找你咨询一件事，你假装没看到，或者随意应付一下，没有了后续；工作中领导布置给你一项任务，过一段时间领导没有问，你也不提了；你借了人家钱，答应了到什么时候还，到了时间你没钱还，也不提前说一下，直到人家找你，你才说自己遇到了困难……这些看起来虽然仅是小事，但这些小事会给你带来不好的习惯，那就是做事有开始没结束。这说明你缺乏**闭环思维**。

闭环思维对我们来说非常重要。我打一个日常工作中的比方。假如你是开发人员，你要找同事做代码复盘，复盘完成后发现了问题，你会去修改之前的代码，这就会形成一个闭环。改了一次，找同事再次复盘，你们可能又会发现新问题，此时你会再次修改代码。如此反复多次，对产品而言，质量会得到大幅提升；对你个人而言，能力会得到快速提升。长此以往，你很快就可以成为公司的骨干和编程高手。

对于产品经理来说也是如此，只要你坚持闭环思维，不断迭代，你的成长就会很快。

反之，同事给你提了一些好的建议，你只是当场附和一下，后面也就不了了之了，做不到闭环，那结果也就不言而喻了。

通过闭环思维，再结合之前的突破边界思维，你就可以做到从线到面的升级。

4. 系统方法

以上讨论的内容虽然非常重要，但是总感觉非常散，那有没有系统的方法呢？

这里我提供一个模型来解决"系统性"问题（见下图）：先找到目标，接着找到阻碍我们达到这个目标的关键问题，然后针对问题制定方案，并按照方案逐一落地执行，最后收集数据反馈继续找到新的关键问题，如此反复。

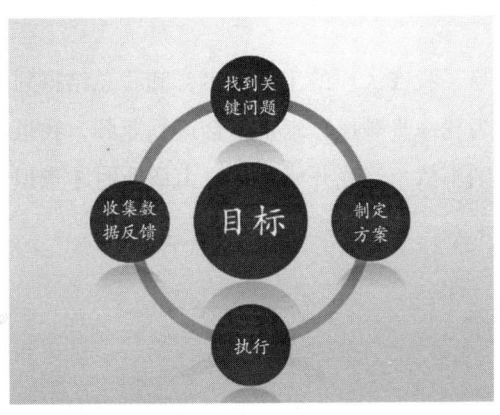

举一个例子：我要完成1个月看4本书的目标，当然我看的都是对我有意义的书，比如经济学、产品运营相关的书籍。我从网上买了4本相关的书，准备以一周一本的节奏阅读，但没过多久我发现，一周看一本难度比较大，而且经济学的书根本看不懂。怎么办？

我迅速调整方案，通过"樊登读书"先了解看不懂的书，之后再看一遍纸质书，我发现效果改善很多。这就是我通过一个月的反馈找到的新的解决方案，但是这就够了吗？不够的，我继续坚持看了一个月的书，发现效果依然没达到预期。**怎么办？**输出。在自己可以用到的各种场景下进行输出，比如我在公众号里写一些产品类文章，我和朋友会聊一些经济学的知识运用等。回到我上面给的"模型"，这就是一个无限的循环，也是我们俗称的"**精益**"方法。

以上的系统方法就是个人快速成长的系统方法——立体性思维。

我如何一招突破职业瓶颈

上边分享了我在大厂的工作故事，和我总结得到的经验。很多人可能认为我一直顺风顺水，不会遇到瓶颈，我也一直这么认为的。其实则不然，当我开始从事自由职业时才意识到，我的瓶颈期早就到了。

1. 我的瓶颈

说实话，我在大厂工作的时候一直没想过未来会从事自由职业。产生这样的想法是在 2020 年疫情期间。我 2020 年年底从公司离职，疫情期间也不想找工作，想给自己放一个大长假，也正是那段时间开始运营知识星球、公众号。一开始也没想着赚钱，就是想多交些 IT 界的朋友。

直到 3 个月之后，《为什么我放弃近千万期权离开贝壳找房？》这篇文章大火，一下激起了我的创业梦。这篇文章给我带来了 1300 余位公众号粉丝和 800 余个微信好友。于是我决定给自己一年时间，看看内容创作这条路是否适合。时间过得很快，这一年来我的读者数量有了显著增长，我自身的写作水平也有了提高，但是离我的目标还差很远。

其实，我想从事自由职业还有更加深层次的原因。

（1）**厌倦了 996 的工作，厌倦了职场上必须做的违心的事。**比如有时候有的人提的需求压根儿就是他自己臆想出来的，我们彼此都心知肚明，但我不得不面带笑容去引导他们。明明有些需求做了没啥效果，浪费研发资源，我还得做了之后通过数据来教育他们，甚至还要维系一些根本不想维系的人际关系，诸如此类。

（2）我也想过，找份总监或者 CTO 的工作，但是都被我的内心拒绝了，因为这些工作无非都是把我之前做过的事再做一遍。说实话，这种重复的工作我没啥兴趣。**我想做一点更难的事（之前的经验集中在技术和产品方面，现在更希望从事与商业、用户关联更强的工作），属于我自己的事。**

（3）我老妈目前一个人在老家，她年纪大了，身体也不好，经常生病。**我更希望她生病的时候，我可以去照顾她。如果我在职场的话，根本没有时间回去照顾老妈。**

想到这三个原因之后我才发现，原来我的职业瓶颈早已经出现，只是我没意识到而已。

2. 我的突破方向——从一个小小的公众号做起

其实在决定写公众号之前，我也想过做其他的创业产品，但因为时机、需求、痛点等问题，最终都没有做。

我写公众号其实也是有契机的。

（1）**找到自己的优势。**2019 年我曾经在极客时间发表多篇文章，通过数据发现自己还有那么一点写作天赋。另外我上学时作文写得还不错，这也给了我一些无形的自信。我做事还比较踏实，也能坚持，所以就想着先从小的事情做起，从给用户创造价值开始。我相信假以时日，未来可期。

（2）**学习前人成功的经验**。决定开启写作之路之前，我也花了一些学费，比如我加入了辉哥和刘润的知识星球，因为他们都是从写公众号开始，然后通过知识星球变现的（知识星球不是唯一变现渠道）。据我所知，辉哥和刘润收入很高，尤其是刘润，因为刘润还有得到读书、线下大会、公司战略咨询等收入渠道。而这种创业形式的成本，强如刘润也才需要10个左右的员工，其他就是办公室租赁费和日常开销。

（3）**先自己下手试着干干**。我在2019年12月发布了第一篇公众号文章，一开始的定位是技术管理人群，但是后来发现这个人群体量不够大，于是速度调整定位，开始针对程序员和产品经理人群，文章从职场认知、个人成长、能力模型等角度入手。调整后效果果然不错，读者数几个月就迅速增长到了1万左右。

一年半时间内公众号粉丝从0到4万的复盘

我从2019年12月底开始正式入驻微信公众号，截至2021年6月底已经有4万的读者关注。这一路走来确实非常不易，但是取得的成绩也让我欣慰。下面我把一年多以来运营公众号的经验分享给大家。

1. 定位

先从宏观角度来分析一下公众号。从整个产品周期来讲，公众号这款产品确实已经在走下坡路了，并且公众号的打开率一直在降低，一般有 4% 算非常不错了。4% 是什么概念？比如你有 1 万粉丝，4% 的打开率代表你发一篇文章只有 400 的阅读量。是不是很惨？

但是我觉得公众号一直有机会，它依然是打造个人 IP 的关键平台之一。只是冷启动阶段很难。我开始写公众号时，因为微信已经有 4000 多好友，所以轻松过了冷启动期，很快有了 1000 多粉丝。

当然，写公众号，起一个好的名字很重要，我的公众号名字是"军哥手记"，这个名字是有缺陷的，最好的公众号应该是"IP+专业领域"（比如"军哥聊 IT"）。我的公众号名字中有了 IP，但现阶段我还没有专业领域，所以暂时还没改，我想以后会改吧。

关于内容，我的定位主要还是程序员或产品经理的个人成长、认知、副业或者软技能。我偶尔也会写一些我个人职场升级打怪的文章，因为这类文章在市场上是相对稀缺的。

2. 怎么写出一篇好文章

对于没有什么写作经验的人，要写出一篇好文章其实挺难的。我在写了 230 多篇原创文章之后，总结出一些经验。

（1）**模仿**。注意，是"模仿"而不是抄袭。我刚开始写公众号时，根本没有人教。为了知道好文章都是什么样子的，我关注了一些做得好的号主，学习他们的写作风格和方法，比如我从刘润那里学到排版方法，从辉哥那里学到怎么写个人成长类的文章。我也会关注一些知名媒体，去学习其上的写作方法，比如我通过虎嗅学习如何拟定标题。我通过研究发现，虎嗅拟定标题只用两种方法：一种是提一个能引发大家好奇心的问题，比如"电子产品真的会损害我们的大脑吗"；另外一种是在标题中形成巨大反差，比如"不完美的品牌，才值得购买"。

当然，你还可以在标题里加上热点词，比如996、大厂、财务自由等。

（2）**做好基本面**。其实写公众号有一些基本面：文章选题＋必要的排版＋文末引导关注＋2000字左右的正文。

很多人写公众号，都不关注选题。我认为好的选题是你擅长且你的大多数读者感兴趣的话题，否则就是差的或者一般性的选题。一篇文章是否受欢迎，选题的影响占一半。

关于排版，很多人也不注意，觉得没必要，他们的借口是我的内容是干货。但是我想说，公众号阅读的场景都是碎片化的，而且99%的人都用手机阅读，排版会非常影响阅读体验，若是不能通过版式给读者留下好的第一印象，那么读者很可能没看内容就直接离开了。试问这样的内容再好，又会有多少好的效果呢？更别说你希望通过事先设置好的文末引导来扩大粉丝量了。

另外，为什么要写2000字的文章，而不是1000字或5000字呢？首先公众号本质是一种长文产品，其上的文章针对的都是某一个专业话题，需要进行深度分析，所以1000字以内是很难达到这样的效果的。而5000字以上的文章，对于手机用户来说，很难有耐心读完。经过我的测试和一些大咖给我的经验，2000字左右是公众号文章的最佳长度。

（3）**讲好案例和故事**。最后要说的一点也非常重要。我们写专业性的技术文章或者产品类文章，一定要举具体点的案例，而不是仅放一堆方法论，这会让读者认为这是鸡汤文或者臆想文，一旦让读者产生这样的想法，那么你的文章内容就不会得到读者信任，你的文章也不会被大范围传播。

另外，因为人天生喜欢听故事，所以我强烈建议能用故事形式展现的，尽量以故事的形式来写，这样读者读起来不累，而且故事的特有性质会引导读者读完整篇文章，从而提高完读率。

3．对爆款文章的思考

我写过一篇文章《互联网最大并购案：M 正在并购 D》（为了避免对当事公司产生不必要的影响，这里隐藏实际公司名称，大家知道 M 和 D 代表两家大型互联网公司就可以了），这篇文章最终的阅读量是 17000 多，被分享 1600 多次，为我的公众号带来 200 多人的关注。这篇文章可以成为爆款，我认为本质原因是其囊括了几个关键要素：互联网＋大公司＋并购＋独特思考。

前几个因素很好理解，我就不展开了，这里重点说说独特思考。独特思考要配合真实数据和情况进行合理推导，而不是主观臆测甚至造谣生事。我在文中找了很多关键信息来进行推导，比如 M 公司大老板的一些公开言论，其中就隐含了正面竞争的意思。另外 2018 年 D 公布年亏损 109 亿元，虽然我写文章时新一年的年报还未公布，但可以大胆猜测一下，结果应该不会太好。加上 2020 年疫情影响，全球经济下行，D 的日子并不好过，所以我推导出收购的可能。虽然直至本书完稿时这样的推测还没成真，但是我在文中的推导还是有理有据的。

4. 公众号运营四步法

好内容是一个公众号做起来的基础，若仅有好内容，没有好的运营方法，虽然只要长期坚持也可能会慢慢做起来，但是这个周期可能会很长。所以好的运营方法是公众号快速做起来的手段。下面就来分享我运营公众号的步骤。

（1）引流（内+外）。要想把用户引导到自己的私域流量池中，一般需要两种办法：公众号的文章末尾引导关注，这是外部引流；关注之后，自动回复引导到个人微信，这算是内部引流。

（2）涨粉技巧。涨粉的技巧无外乎是找到相同体量且运营方向差不多的号主进行单推，或一群这样的公众号号主进行群体互推，推荐过程中最好带上礼物，比如互推关注抽奖等。因为公众号太封闭，我们还需要找到站外流量，知乎、CSDN、B 站都是不错的渠道，但是具体还要结合实际情况来选择。

（3）社群信任。读者加了我微信之后，我通常会建微信群，然后通过群交流建立信任，因为群内消息触达率比较高，而且不用和所有人单独沟通（读者太多，单独沟通根本无法实现），群沟通比线下活动的触达更快、更直接。同时，我也会和大家偶尔聊聊天，回答他们的问题，这样我们的信任就建立起来了，读者会非常拥护我。

（4）产品变现。我的变现方法有 3 种。一种是非标准的，比如一些读者有个人职业规划、职位选择方面的问题，我会让他们去"在行"约时间，然后通过电话或者线下 1 对 1 的形式来解决。一种是相对标准化的，比如我开了几期的经理实战线下班，一共教了 30 多位学员，客单价还是不错的。还有一种变现方式是在公众号中接广告，这种方式我用了快有一年了，收入虽然不多，但是稳定。

我给产品人的 4 个建议

我从业 15 年，经历了从程序员到架构师再到大厂产品技术负责人的全过程。我享受到了移动互联网的红利，也经历了太多的人和事。下面我将其中我认为最值得分享的以建议的形式分享给大家。

1. 找准定位

在我看来，产品经理的定位有 3 种层次，一种是完全的执行层，一种是整体产品规划层，一种是公司整体产品战略层。先看看自己在什么段位，然后螺旋上升，一步一步达到自己的目标。

我见过特别多的产品经理，对自己的定位非常不清晰，也缺乏对自己客观的能力评价，很容易坐井观天。对于他们来说，最好的定位方法就是去外面中大公司面试，从而找到一个外部对自己的客观评价。找到自己的定位，才能合理规划成长之路。

2. 做好职业规划

对于职业规划，我们需要用以终为始的方式来思考，如下图所示。

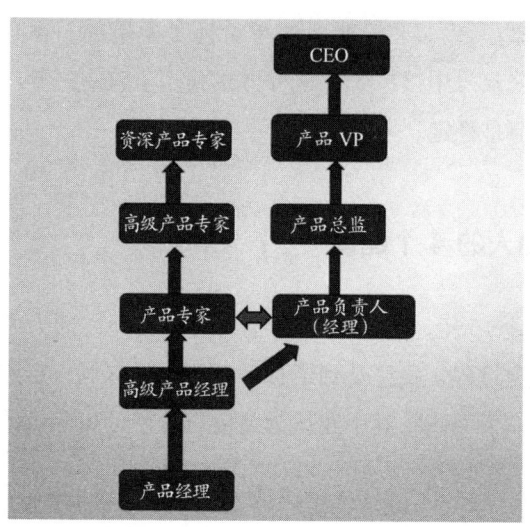

对于"产品经理要不要管人"这个问题，我建议你先提升专业技能再做选择，要不然你的专业能力无法支撑以后的成长。再者，如果你想管人，那么你不仅要对人更加敏感，还要善于处理不确定性问题。比如，你的一位下属跟你说他要离职，但是同时老板提出一个新需求，要求对应的产品下周就上线，这就必定会涉及目前工作的调整和新工作的安排，但是谁来做新需求？老的需求要不要延迟开发？诸如此类，这就是不确定性问题。解决这些问题需要和开发人员或老板等沟通，而沟通的本质就是把不确定性问题变成确定性问题。

所以，很多晋升为管理层的产品经理看起来不怎么写 PRD 了，但工作压力依然很大。如果你对不确定性的事不是很擅长，你可能就不太适合做这方面的工作。

3. 建立好的人脉和融入圈子

我认为产品经理都是一群聪明人,但是仅在公司里做产品、和同事互动,是远远不够的。我们还需要建立更好的人脉,融入其他圈子。比如,我为了认识梁宁,为了找到她,想尽了办法。另外,我还加入了很多非常好的圈子,比如 TGO、高质量产品经理峰会,在那里可以很方便地向高手请教问题,比如苏杰、唐韧、邱岳等,我自己的认知增长快了很多。

4. 把自己当产品

我相信大家都知道产品就是解决一类问题的方案。而我们自己就是产品,虽然不可能完美,但是肯定有我们的市场和优势。

我为自己定下了做事的基调:**快速灰度 + 看数据反馈 + 长期坚持**。我人生中很多决策都是基于这个简单的方法论做出来的,比如我从事程序员这个行业(一干就是 15 年),再比如我成为自由职业者并开始写公众号。

我选择做什么事也不是盲目进行的,对此我还有另外一套方法论:**目标 + 优势 + 市场机会**。我建议大家用这个方法论规划自己的未来职业目标。没有目标尽快找到目标,有了目标就踏踏实实一步一个脚印坚持走下去。把自己当作一款产品,快速迭代,不断试错,螺旋上升。

与君共勉!

04

从产品青年到斜杠中年，看我如何避免职业危机

——车马

我是车马，曾经热血澎湃的产品青年，如今幸福的斜杠中年。我算是最早一批的产品经理了，从 2000 年就开始在慧聪网从事产品工作，那时候还没有产品经理这个头衔；之后加入 3721 公司，正式获得了产品经理的头衔；后来逐渐做到了产品总监、首席产品官，直至多家互联网公司的 COO、CEO、联合创始人。

我的奋斗之路，活成别人羡慕的样子

1999 年我正式进入互联网行业，加入了当时非常有潜力的公司——慧聪网。这可能是中国传统行业中数字化转型取得显著成效的第一家企业。

刚加入慧聪网时我并不是从事产品工作，而是担任市场部副经理。因为公司要从传统的线下商城转型为互联网 B2B 平台，所以必须做互联网产品。而当时整个公司没有谁懂互联网产品，我则比较喜欢钻研产品，于是很自然地接手了互联网产品工作，由此开启了我的产品生涯。

当时互联网行业还处于早期阶段，产品经理这个头衔还很少使用，我调岗后的头衔是"高级策划经理"。因为那时我直接向 COO 汇报，所以起点比较高，这使我对商业理解得更深、思考得更多，对我后来的职业发展产生了巨大的影响。

2003 年我加入周鸿祎的 3721 公司，并第一次获得了"产品经理"这个头衔。我成为中国最早拥有"产品经理"头衔的一批人。当时印发的名片我到现在还保留着。

在 3721 我独立负责公司的核心产品（公司 99% 的收入来自这个产品）——3721 网络实名产品。一个人负责一个完整的产品，这是一种很好的锻炼。按今天互联网界的观点，我负责的产品其实包含了用户产品（普通用户能感知的部分）和商业产品（向企业售卖的部分）。因此，我在用户产品、商业产品两方面都得到了锻炼。

产品每个版本的迭代都要开产品会议进行讨论，作为产品经理，我理所当然要负责提案。这个过程非常锻炼人，我因此收获非常大。当然，肯定也会经历一些打击。比如我参加的第一次产品会议，至今还记得那种汗流浃背的感觉，因为周鸿祎针对我的提案提出了非常多的问题，甚至针对部分内容直接对我进行了批评。正是那次会议，让我知道了一个产品人从公司层面和业务层面都要做哪些考虑和安排。针对这次会议的问题我积极思考、改进，很快就见到了成果。最明显的表现就是我对运营推动的工作高度重视起来。新版本、新功能上线时，我会积极联合市场部门进行宣传，还会主动到大代理商处为他们的销售团队做产品培训，让他们卖好产品。在后台看着一笔笔销售收入入账，我收获了满满的成就感。

慧聪网和3721两款产品的成功，不仅让我沉淀了产品经验，还让我看到了互联网行业的大好未来。当时我就下定决心，要在这个行业好好干，将来也要像周鸿祎一样构建自己的产品，创办自己的公司。我这样想了，后来也这样干了。

在产品方面，我一路前行，从产品经理升为产品总监，最终获得了产品方面最高的职位——首席产品官，更是突破了产品局限，走上了业务管理和创业之路。

业务管理能力的提升主要得益于我在中国平安的职场经历。我在总部创建了移动互联网部门并担任总经理，亲历了中国平安互联网转型、数字化转型的重要阶段，还担任了壹账通的移动产品经理和平安银行手机银行的产品经理。后来我还在多家互联网公司担任 CEO、COO，掌握了更多的业务管理技能。

在周鸿祎的榜样指引下，我以联合创始人的身份先后创立了两家互联网公司。我从零把公司建起来，做到了有产品、有业务、有规模化收入。这两家公司最终都被大公司整体收购，实现了商业价值。

　　一路奋斗，曾经的少年不觉已到中年。中年得子以后，我对人生有了新的思考。我辞去了一家已获 C 轮融资的移动互联网公司 COO 兼 CPO 的职位，开始构建新的人生模式，成了一个幸福的斜杠中年。

　　以前的我曾先后拥有多个身份，首席产品官、联合创始人、CEO、COO，现在的我依然拥有多个身份：

- 职业教育讲师，我现在是开课吧的金牌讲师，主要讲授产品经理、数字领导力的课程。
- 职业发展导师，我是知名付费咨询平台"在行"的互联网行业下的产品、职业发展两个领域的双高行家。在这两个领域，咨询人数超过 300 的行家中，我独占最高分 9.8 分。
- 企业数字化咨询顾问，为传统企业提供数字化转型咨询服务。我已经帮多家企业取得显著成果，帮它们加快了数字化转型的步伐。
- 作者，我已经出版了 3 本书——《首席产品官 1：从新手到行家》《首席产品官 2：从白领到金领》《产品经理的 AI 实战——人工智能的产品和商业落地》，写作已经成为我的一种爱好。我的第三本书的扉页上有一行字——"本书献给我的儿子至尊宝"。一个父亲以这种形式留给儿子一笔精神财富，我觉得很开心。后续还会有新书出版，新书将会跳出产品的圈子，主要面向职场青年的职业发展和企业数字化实战。

　　我很喜欢现在的状态，因为它能同时满足我如下要求：

❏ 收入不错，足以支撑我和家人的体面生活。

❏ 做的事自己喜欢又擅长。

❏ 拥有较充裕的自由时间，能陪伴孩子。

我发现，在互联网行业能同时做到以上三点的人凤毛麟角。

希望我的经历、经验能给年轻的产品人以启发，帮助他们做好产品，获得更好的职业发展。

持续突破，把职业危机甩在身后

自从进入互联网行业，我就感受到这个行业里机遇与危机无处不在。一个垂直行业可能在很短的时间内就彻底消失；一家公司可能突然从如日中天的神座上跌落，成为负债累累的破落户；一家公司内部的一个业务、一个产品，一大群人辛辛苦苦干了几年，一夜之间就可能被砍掉了；公司的骨干、高管，可能突然就被解聘了……

我加入慧聪网后仅仅几个月就遇到了大变故。公司对互联网业务的看法趋向保守，原本负责互联网业务的副总裁离职了，互联网团队也开始进入调整状态。大部分人离开了，我也从总部被调到一个事业部。所幸我仍然做着喜欢的互联网产品工作。

在此后的职业生涯中，我也是一路目睹危机。在某些危机中我是旁观者，在某些危机中我是亲历者。在度过了最初的惶恐之后，我尝试去理解：为什么互联网行业充满危机？

❏ 整个行业本身处于创新变革的前沿，必然要面对大量的未知。

❏ 行业内企业之间的竞争极为激烈，企业随时可能面临生死，相应的变化也大。
- ❏ 企业内部的原因。企业高层深知该行业的特点，所以会比其他行业的企业更倾向于主动变革。这些变革包括调整业务，一边砍业务一边上新业务；制定人才策略，一边裁人一边招人；调整组织形态，不断调整公司架构。

其实，不仅是互联网行业，更广泛的数字技术行业几乎都是如此动荡不断。例如，人工智能行业也是大起大落。

"甘蔗没有两头甜。"既然想享受数字技术行业薪酬高、机会多、成就感强的红利，就要接受这个行业风险大、竞争激烈的问题。尚未进入这个行业的人，必须做好勇敢直面这个问题的准备。强烈的危机意识，是互联网职场人士必备的。

危机意识，在两个阶段很容易放松。

第一，职场幸福阶段。对产品经理而言，常常是从业3到5年时。这个阶段的产品经理，是整个产品经理市场中需求量最大的。处于这个阶段的产品经理，很容易产生一种错觉，觉得自己稳了，从而就放松了对自己的要求，就这样"幸福"地度过几年，然后突然发现市场上留给自己的机会少了很多。找我做一对一咨询的人中，这样的人占了很大的比例。

第二，到达较高位置之后，例如高级产品经理、产品总监。处在这样的位置的人一般拥有较高的薪酬，有自己的团队。高位高薪当然好，但是另一面就是市场上适合他们的岗位明显减少了。一旦有变动（这太常见了），可能很长时间都找不到适合自己的新职位。

互联网行业还有一个众所周知的职业危机——年龄危机，30岁危机、35岁危机、40岁危机，一路危机。

既然危机无处不在，既然危机已经渗入了这个行业的基因里，职场人就必须具备强烈的危机意识。放弃幻想，无论你处在哪个细分行业，就职于什么样的公司，处于什么位置，危机随时可能出现。除非你退出这个行业或者退休了，否则要始终保持危机意识。

强烈而持续的危机意识会给人带来焦虑，所以我们必须有应对危机的方法。因为行业的危机是持续的，我们也需要具备持续突破危机的能力。

我曾在一个千人大会上做过一次题为《抢跑，把职业危机甩在脑后！》的演讲，引起了广泛共鸣。既然危机无处不在，既然年龄不可避免地会增长，那我们就要始终跑在危机前面。

我的职业生涯就是一个在危机意识引导下持续突破，跑在危机前面的过程。接下来，我分享几个持续突破的故事。

顺利实现 3 次突破后我得到的启示

1. 创业——从打工人到创始人

我创立过两家互联网公司，在这两家公司中我都是联合创始人和 CEO 的身份。创建公司都经历了这样的过程：发现市场机会，产生一个想法，募集启动资金，成立公司，从零组建团队，打造产品，开展业务。两家公司虽然没有太耀眼的成绩，但都有实际的业务并有规模化收入，均在成立两年左右被大公司收购，我则带着经验和现金离开。

两次创业让我收获满满：一方面是宝贵的经历，人到中年不会因年轻时没有拼搏过而后悔；另一方面是金钱，我的收获也不错。

换一个角度看，创业也是一种主动突破，突破职场的障碍。

首先，是对格局和层次的突破。以联合创始人的身份创业并担任 CEO，让我一下子提升到企业的最高层，这个收获是非常大的。打工时，对企业经营的很多事不能理解，自己担任 CEO 时立刻就明白了。很多打工人吐槽自己公司的老板，其实自己当上 CEO 后才会发现，老板的很多决策是正确的，自己来做并不会做得更好。

其次，担任一个公司的老板意味着要承担最大责任，对自己的能力也是突破。创业时，你就是最后一道防线！

这些突破在我去其他公司担任高管时，都发挥了作用。可以和老板更好地沟通，工作起来更加轻松。比如我加入中国平安后，很快就在总部建立了一个部门，负责整个中国平安的移动互联网探索。后来我在多家公司担任 CEO、COO 也得益于此。

我对创业的体会是，创业这件事你永远不可能准备充足。推而广之，职场上、人生中，在绝大多数美好的事情来临之前，你都不可能准备充足。所以，不要以"继续准备"为借口，勇敢行动吧！去做那些你想做的事情，尤其在你还年轻，还输得起的时候。

2. 写书——从自我成长到惠及他人

我一直是个爱读书的人。书读得多了，就逐渐萌生了写书的想法。事实上，这也是一种突破——突破自己的经验，让自己的知识体系化。

要写书，所选主题当然是我最有把握的互联网产品方向。自从苏杰的《人人都是产品经理》出版以来，国内已经出版了很多产品相关的书。编辑告诉我，有几年产品大热，产品类的书几乎是出一本火一本。但后来，产品的热度就没有那么高了，产品类的书也不容易火了。投入很大的精力写一本书，我当然希望它是一本口碑和销量双高的好书。要实现这一点，我显然需要有所突破。

首先，我做了充分的调研。我把市场上已经出版的产品书基本都买来看了。了解竞品，做到心中有数。然后我花了很多时间进行用户调研，充分了解产品书的目标读者。对产品书感兴趣的人会集中出现在什么场景？产品相关的线下活动是一种重要的场景，而且这样的场景更便于深入了解目标读者。因此有一段时间我密集地参加产品人聚集的活动，包括线下分享、产品经理年度大会、产品培训、创业 hackathon⊖、产品 hackathon 等。近距离接触了大量目标用户，了解了他们的工作情况，他们的疑惑，他们通过什么渠道学习，在学习上有哪些未满足的需求，看过哪些产品书，对这些书有什么评价，他们心目中好的产品书是怎样的……

⊖ 编程马拉松，有时译为黑客松，是指 IT 相关技术人员聚在一起，以紧密合作的形式研发某项软件项目的活动。

什么时候才算真正理解了目标读者？当我在电脑前坐定开始写作时，我能想象出目标读者好像就坐在我的对面，他甚至有清晰的模样。这时我知道，我已经很理解我的用户了，之后就会进入漫长的撰写阶段。整个过程和做互联网产品一样，充满了各种意外、痛苦、惊喜。

第一稿交上去，编辑提出了非常多的修改意见。让我震惊，也让我羞愧，甚至一度闪现放弃的念头。当然，多年做产品、做企业的经历使我具备了很强的执行力和承受力。整体结构有问题就调结构，行文风格有问题就统一风格。

第二稿交上去，发现体量太大，一本书放不下。但内容又很好，编辑舍不得放弃。最后编辑和我商量之后决定，直接按目标读者的层次拆分成两本书，一本针对产品小白，一本针对有几年经验需要提升的产品经理。事后证明，这是个正确的策略。以前有很多产品书的问题就出在这里，希望能覆盖比较广的人群，结果产品小白觉得很多内容看不懂，而有工作经验的人又觉得内容太浅收获不大。我们采用分拆方式，每本书针对一个特征明显的群体。这和做产品的道理是一样的。

分拆成两本书之后，我的工作量和痛苦也直接加倍了。一次次熬夜苦战，一次次被编辑催稿。清楚地记得，为了交出最后一稿，我连续奋战一整天。凌晨5点将稿件发给编辑之后，一股巨大的幸福感在体内涌动，这种感觉是那么熟悉！这种感觉在我负责的产品上线后体验过，在我踏进自己亲手创立的公司时体验过，在我两次创业看着梦想变成现实时体验过，在我在平安从零打造出一个大部门时体验过……

2018年10月，我的两本书出版了。尽管产品书的整体市场已经不是那么热了，但这两本书依然取得了口碑、销量双丰收：两本书在豆瓣的评分都是 8 分，都多次重印，成为同类书中的畅销书。

很多人因我的书受益，他们有的在书的带领下高起点入门，有的在书的指引下走出迷茫找到了清晰的职业方向。参加活动时，经常会有人叫住我，说读过我的书。

这两本书的成功，引起了其他出版社的注意。另一家出版社积极约稿，加上我在 2018 年和 2019 年这两年在人工智能产品和商业落地领域取得的成绩，我在这家出版社出版了我的第三本书《产品经理的 AI 实战》。这本书在 2020 年 5 月出版，豆瓣评分 8.5 分。

我特意将个人的微信留在书的前勒口。第三本书出版以来，不断有读者加我的微信，我得以更好地了解读者的收获。一位 AI 产品经理借助这本书从小公司跳到了 AI 独角兽公司担任高级产品经理；一位百度的 P7 产品经理认真读了这本书之后，顺利成为一家 AI 四小龙公司的产品总监。

三本书能惠及他人，我非常开心。一本书的成功可能是偶然的，但连续三本书都获得成功，说明我多年积累的做产品、做事的方法论不仅适合我自己，也能帮助其他人。

3. 人工智能——从一无所知到行家里手

在 2018 年之前，我对人工智能还一无所知。但我不希望被这个大潮抛下，因此在两本产品书出版之后，我把很多精力花在了人工智能上。我感兴趣的不是人工智能技术部分，而是技术在产品和商业方面的落地。

要想做好产品和商业落地,首先必须理解人工智能技术的原理,搞清它的能力、边界、适用场景。尽管我有一定的心理准备,但它的难度依旧超出了我的预期。

我的大学专业是管理类,数学、算法并不是我的强项。但人工智能偏偏需要非常强的数学、算法知识,这对我来说是一个障碍。但回头想想,自从进入技术行业,做产品、做企业,哪一件事不难?所以我习惯性地迎难而上。

首先是买书读书,然后参加线下活动。印象最深刻的是,有一次参加哈工大人工智能方面一位博士的实操课,我在博士手把手指导下完成了一个简单但实用的人工智能项目。这一番恶补,让我对人工智能技术有了直接和整体的了解。人工智能神秘的面纱在我面前渐渐褪去。

接下来,要跳出技术本身,理解人工智能的本质。直到我得到自己的理解——"人工智能,实质就是最聪明的人把人类的智能行为巧妙地转化为数字计算行为,从而让机器表现出'智能'",我感觉自己真正理解了人工智能。

然后要根据自己在商业、产品上的强项,将人工智能与商业、产品结合。于是有了人工智能商业应用的"两岸双拱"理论及配套的一系列方法论。

再然后是实际应用。我以自己过往的资历和对人工智能商业落地的见解获得了一个收费的咨询业务——为一家人工智能创业公司提供产品和商业模式方面的咨询服务。果然,有理论加持,探索顺利了很多,我很快帮助这家人工智能创业公司做出了更受欢迎的产品,设计了创新的商业模式并以此解决一个个商业问题。该公司因此在业务发展上上了一个台阶，并获得了新一轮融资。我本人也实现了理论、实例、金钱的三丰收。

最后是写书。写书可让更多人获益，也会增加我在人工智能商业落地领域的影响力。这本书就是前文提到的《产品经理的AI实战》。

目前，我在人工智能产品和商业落地领域有了较强的影响力，已经为多家企业提供了相关服务，得到了客户高度评价，已经开始出现客户主动为我介绍新客户的现象。

从一无所知到有所建树，整个过程只有一年多的时间。这又一次印证了我多年积累的做产品、做业务的方法论确实有用。

下面介绍一下我这两年遇到的问题和解决的方法。

1）职业发展导师——从个人职业经验到普适的方法论

从事职业发展咨询是因为一个特殊事件——2020年的新冠疫情。我进入中年之后，主要收入来源是企业咨询，具体可以分为两类：传统企业数字化的咨询、人工智能技术商业落地的咨询。这些咨询业务需要与企业家、核心团队面对面深入沟通，而大多数客户、潜在客户不在北京。疫情到来，很长时间无法出行。新客户的开拓基本停止，我就有了较多的空余时间。加上有不少人通过各种渠道请我进行职业指导，于是借助这个时机开始运作职业发展导师的事。

我选择了一个精准的平台——在行。这是果壳网创始人姬十三的产品，后来接受了腾讯的投资。这是一个收费咨询平台，行家将自己的介绍、话题、定价发布在平台上，用户从中选择行家和话题，然后向行家发起邀约，行家确认接单之后用户就需要付费。付费之后用户和行家联系完成咨询,有面对面和电话咨询两种形式,价格也不同。咨询之后用户可对行家进行打分。

这个平台运营时间比较久了,加上创始人是互联网行业的知名人士,所以其上各个领域都有不少知名的头部行家和腰部行家,还有更多的长尾行家。作为一个后来者,要想快速突破成为双高(咨询量和评分都高)头部行家,难度是很大的。还是那句话,我做的哪件事不难?不难的事轮得到我来做吗?有效的方法加上适当的努力,几乎总能把事情做成。

首先,我做好基础工作,认真迭代了行家介绍、图片、话题。

初入市场,低价引流、频繁参与官方的活动是把量做起来的关键。咨询量、评分、具体评价内容是激发用户做出决策的关键因素。初期的低价可以较快把这些做上去。果然,我通过低价策略使完成的订单量快速到达了50单,评分9.9分,这是同类产品中的最高分。

接下来,我逐步提升单价,不再靠低价吸引人。而且明确告知潜在用户,每增加一定的单量就会涨价。这会给用户造成紧迫感,让用户尽早下单。

100单时,我和两位行家并列最高分9.8分,300单时我独占最高分9.8分。在一个高手如云的平台,半年时间达成后来者居上的目标,我对此感到满意。

通过这个平台我已经帮很多产品经理取得了职业发展的重大进步——获得人生第一个产品经理职位,从小公司进入大厂,完成从经理到总监的跃迁,涨薪超过50%……这些同时也证明了我的职业发展方法论的普适性。

2）直播讲课、卖课——从门外汉到金牌讲师、带课达人

近几年，直播兴起。从 2020 年开始，受疫情等因素影响，在线教育领域更是掀起了直播热潮。

我介入直播讲课、卖课，事出偶然，和我做职业发展咨询有紧密关系。找我做过一对一职业咨询的一位学员，成功入职在线职业教育独角兽开课吧，担任产品经理。开课吧非常重视师资力量，号召员工积极推荐优秀讲师，这位学员就推荐了我。因为一向对新事物感兴趣，我就抱着开放的心态和对方接触了一下，尝试着讲了几次课，并受到了学员的欢迎。直播这种比较新又比较有挑战的事，也引起了我的兴趣，于是我开始全面投身其中。

一直以来，我的口头表达、公开演讲能力都还不错。在自己擅长的产品、数字化、人工智能商业落地、职业发展领域，我自信直播讲课效果会很好。前几次课，从课后评分看确实不错，但离我的预想还有差距。经过一番研究，我很快发现直播讲课和现场演讲的区别。

（1）学员上课时不在现场，缺乏线下课堂的气氛和硬约束，学员非常容易走神。开课吧的一节正课长达 2 小时，让大多数学员中间无休地上完 2 小时的课，还能给出较高的评分，确实是非常大的挑战。

（2）直播课的学员往往是陆续到场的，既有人提前几分钟进场，又有人迟到。老师都要兼顾，要保证早到的同学有早到的收获，迟来的同学能很快跟上，这也非常难。

（3）直播课的学员有一部分习惯了通过公屏即时提问，如果不能快速予以反馈，会影响学员的学习热情。

通过系统学习，观摩其他讲得好的课，回看自己讲的课，收

集学员和助教的反馈，我很快探索出一套较好的直播"套路"：

（1）比预告的时间提前 5 ~ 10 分钟开始。

（2）正式开始后的前 15 分钟要露脸。学员能看到老师的真人，对营造沉浸感很重要。

（3）自己的桌子上专门放一台以学员身份登录直播间的手机，对直播进行实时监听。这样一旦出现直播中断、声音画面异常，自己能马上发现，更快解决。更重要的是，能及时了解学员在公屏输入的内容（通常是提问），而又不干扰直播画面。

（4）在讲解课件的同时，用一两句话对学员在公屏中的问题进行回应，而且要点出学员的名字。通常还要给出鼓励，比如"这个问题提得好""这个问题很有意思，一看就是思考过的""这个问题我在最后的问答环节来回答"。

（5）直播的时候注意干货内容和趣味性内容的结合。偶尔插科打诨两句，和公屏中的人互动调侃一番，会带动直播间气氛。学员往往不知不觉中，就不间断地学习了 2 小时。

经过这样一番提升，我很快成了开课吧的金牌讲师，还被开课吧邀请参加重大的官方活动。

正课讲好了之后，开课吧又希望我承担更难的任务——直播带课。这又是一个新挑战，之前已经有多位正课讲得很好的老师尝试直播带课后铩羽而归。我也要面对挑战，要解决心理障碍、节奏、话术、与课程顾问（销售人员）的配合等一系列问题。我还是依靠多年积累并反复验证的方法，最后解决了问题，因此很快又成了卖课能手。2021 年 618 活动中，我和另外两位老师以脱口秀的形式，现场卖课超过 500 万元。对于长周期、高单价的职业教育产品而言，这是一个了不起的成绩。我不由生出"我虽然已人到中年，但依然是潮头少年"的豪情来。

现在，开课吧在多门正课之外为我安排了很多公开课、训练营、课程发布会，这些都是有很强带课属性的直播。

上面分享了几个我持续突破的故事，希望大家从故事中提炼出一些可以复制且适合自己的东西。

产品人高速成长需要的五大原力

看完前面的内容，大家应该会发现，产品人为了良好的职业发展，需要学习的东西太多了。一个人大学本科或研究生毕业，无论他来自多好的学校，在学校里多么优秀，都只是一个人才"毛坯"。要想达到职场中的中位水平，他需要学习很多东西，在认知、能力等方面进行提升。而实际上，行业变化很快，对中位水平的要求是逐渐提高的。即便只是希望保持在行业的中位水平，也需要努力学习。

我们都知道，互联网行业的从业者都很忙，从事产品工作的人就更忙了，自然留给产品人用于学习、提升的时间就很有限。随着产品人年龄的增加，职场、家庭会占据更多的时间，学习时间不足问题就更突出了。

产品人学习和成长的普遍情况，可以用两个词概括：忙碌而低效。

我来描述一下勤于学习的产品人的学习状况。

（1）订阅了很多产品相关的公众号，虽然经常看，对互联网行业、产品圈子的事好像都知道，但细究似乎又都不明白。

（2）经常上产品经理垂直社区去看文章，然后点赞、收藏，有时还评论两句。

（3）到处打听书单，买了不少书，除了收到书的那一刻有点激动，以后对书再也提不起兴趣。很多书连翻一遍都没有做到，更别说精读了。

（4）网上听了很多公开课，参加了很多训练营，有的还报了价格不菲的正式课程，却往往连认真听完一节课的耐心都没有。

（5）满怀热情地参加了很多线下活动，不少还是付费的。一个个大咖轮番上台，听的时候觉得特别好，拍了很多张照片。但活动之后，一切都没有变化。然后期待下一次，期待有更多大咖的线下活动。

（6）收藏了一大堆文章、报告、文档，心里想的是以后抽时间看，结果几乎是再也不看，而新的内容又不断加入收藏。

大家可以对照一下自己的情况，看是不是这样。我在职业生涯早期就是这种状况，导致自己非常焦虑。后来，静下心来，逐渐摸出了门道。知乎说得好，"有问题，就会有答案"。清醒地意识到问题，就离解决问题近了一大步。我将解决问题的做法总结为"产品人高速成长的五大原力"。

五大原力的内容在《首席产品官2》中有较为详细的讲述，为了避免重复，本书只做简要介绍。

1. 原力之一——顶层视图

顶层视图就是对一个领域最高层次的、最本质的知识进行概括和理解。每个专业领域都有顶层视图，在某个专业领域取得突出成果的人，一定掌握了该专业领域的顶层视图。

下图中所示的人就有顶层视图（用书架来表示），丰富的知识、能力（以书本来代表）都被纳入这个顶层视图中。

互联网人都应该具有自己领域的顶层视图。产品经理的杠铃模型就是关于产品经理能力的顶层视图，这个我们后面会介绍。

2. 原力之二——龙卷风路径

从当前位置奔向高处的目标，必然涉及路径问题，简单地说就是先学什么、练习什么，然后再学什么、练习什么的问题。如果路径不对，就会事倍功半。这个最佳路径就是龙卷风路径，如下图所示。

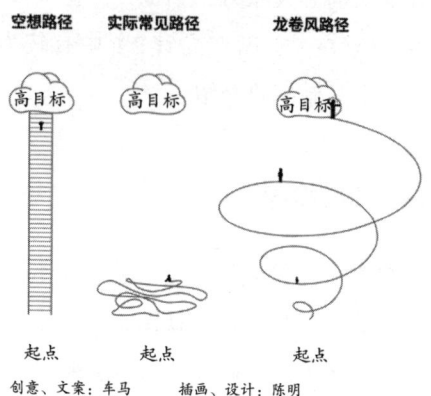

创意、文案：车马　　插画、设计：陈明

空想路径是"最佳"路径——从起点直达高目标，可惜它并不存在。实际常见路径很糟糕，毫无章法且进展缓慢，最终也难以达成高目标。而龙卷风路径和最小可行产品有异曲同工之妙，其先在较低层次具备完整的能力体系，然后在更高层次具备更强的能力体系。看似有些曲折，其实这是最高效的路径。

3. 原力之三——深钻猛吸

学习有很多途径和方式，深度不同，效果也不同，示意见下图。只有向深度推进，才能有更大收获，否则就会与很多知识和能力擦肩而过，看似都学过了，实际收获极少。

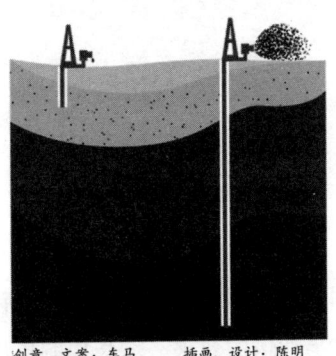

创意、文案：车马　　　插画、设计：陈明

产品、市场、运营的很多知识是深度知识，仅仅听过、记得是远远不够的，需要深入理解、实践，才能将其逐渐内化为自己的能力。

我们可能太满足于浅尝辄止，知识的广度是够了，但深度远远不够。深钻猛吸才能掌握深度知识，只有掌握深度知识才可能获得大的发展。

4. 原力之四——增长黑洞

你投入最大精力去做的重要事情就是你的增长黑洞（见下图）。如果你拥有自己的增长黑洞，所有和这件事情有关的信息、知识都会被你吸纳进来，你的能力会超常增长。

增长黑洞

所谓增长黑洞就是你特别想做的一件事，以这件事为主导去学习，就会带来事半功倍的效果。增长黑洞可以是长期的，也可以是阶段性的。任何人都可以拥有自己的增长黑洞，你想做的产品、你正在负责的产品、你想获得的职位、你自己的创业公司，都可以是你的增长黑洞。对广大白领产品经理而言，一个金领产品经理职位就是增长黑洞。

学了很多干货但还是做不好产品，就是因为你没有自己的增长黑洞，也就没有太强的吸收力，学了再多的干货都只是与其擦肩而过。如果你有了增长黑洞，再去学相关知识一定会有不同的体验。

正因为对增长黑洞的深刻理解，我一直在自觉营造自己的增长黑洞。

5. 原力之五——高人指点

"听君一席话，胜读十年书。"这正是对高人指点的感叹。我有幸得到过几位高人的指点，虽然都有遗憾（有的时间不长，有的系统性弱一些，有的针对性弱一些），但已经受益匪浅。获得高人面对面一对一的指导显然是效果最好的，但可能性也最小。读书、听讲，是获得高人指点门槛最低的方式。高人指点的示意如下图所示。

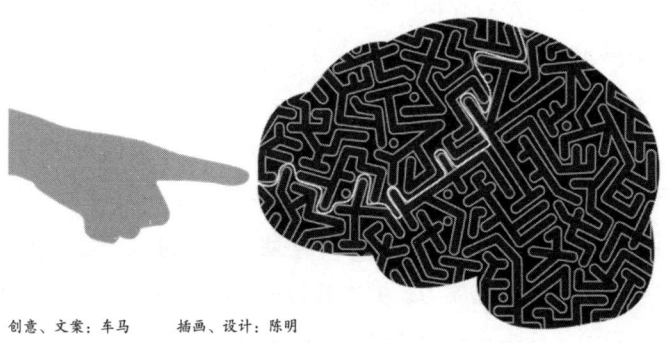

创意、文案：车马　　插画、设计：陈明

五大原力是我在长期实践中摸索出来的，非常实用。如果产品人能主动借力，一定会大幅提升学习效率、加快成长速度。

6. 借助五大原力实现逆袭的故事

为了更好地说明五大原力的价值，下面分享一个利用五大原力实现逆袭的真实案例（已得到当事人许可）。

小莫是一个不知名的民办高校的大三学生，学的是计算机专业，但很确定自己不想去做技术，而是想进互联网公司做产品。为了实现毕业进入互联网公司做产品的目的，他大三就开始积极准备。他知道最好要有产品实习经历，所以一直在积极寻找实习机会。但他除了有一腔热血，真的没有其他拿得出手的东西可以打动面试官，所以一直以来连去大公司面试的机会都没有，只有一些不知名的小公司愿意给他机会，但这些公司往往打的是找产品实习生的旗号，实际要找的是廉价劳工，在他们那里根本接触不到像样的产品和正规的产品工作。这样的实习即便做得再多，对毕业进入互联网行业做产品工作也没有帮助。

小莫一直认为自己教育背景弱（当然，这是事实），几经挣扎而不成之后，几乎要认命了——毕业之后，只能放弃产品梦想，进一家小公司或者外包公司做基层码农。小莫抱着试试看的心态，在在行上约我咨询。在我的指导下，在五大原力加持下，他用半年时间就实现了逆袭，大三学期末先后进入一家独角兽公司和一家大厂做产品实习，并在找最近一次实习机会时同时被三家大厂看中。后来在我的建议下，他选择去了京东科技。

在京东科技实习期间，小莫提出的一个功能获得认可，于是公司给他独立完成规划的机会。这个功能现在已经投入开发了。独立完成一个功能模块，这通常只有正式的产品经理才能做到。

我们来看看五大原力是如何在他身上发挥作用,帮他实现逆袭的。

1)高人指点

小莫通过付费咨询平台在行多次找我咨询。因为每次咨询后他都会明显感到自己的收获和进步,所以他约了我很多次。在他眼中,我也算是高人。因为有高人指点,他的学习效率很高,没有浪费时间在自己摸索上。

2)增长黑洞

第一次咨询,我就帮他指出了增长黑洞——做出自己的产品!

最初他大感意外:"我一个大三学生,从来没做过产品,连正规互联网公司的产品实习生都没有做过,怎么做自己的产品?如果要做,那要花很长时间和很多钱吧?"我帮他一一拆解,详细指导,打消了他的疑虑。

我建议小莫在自己熟悉的场景(例如校园)中寻找问题,寻找需求。然后针对这个需求进行调研,进行需求管理,做设计,最好把它实现并落地运营。我甚至直接举例,现在高校里学生网购、点外卖很普遍,而大多数高校不允许送货进校园,学生需要跑很远去取快递件和外卖。一定有不少人希望有其他同学代取,并且愿意支付一点费用。有场景,有需求,就有做产品的机会。实施时,他直接选取了这个产品方向。

接下来就是开发了。小莫虽然是学计算机专业的,但独立开发一款产品还是很困难的。他最初想到的是开发 App。但独立开发一个 App 难度很大,不仅有 iOS 和 Android 两个版本,还要开发后端。技术难度、开发工作量都很大，已经超出了他的能力范围。我直接给了他解决方案——微信小程序开发，这几乎是技术难度最低的方案了。果然，因为已经大大降低了技术难度，他一边查资料一边开发，最终较快地完成了"袋友速递"产品的第一版开发，并很快上线了。

袋友速递上线只是走完了第一步，后面还要运营。他想了一些运营方法，在校园里获得了一批用户。能独立做出一个实际运营的产品，这对一个产品人而言具有里程碑意义。

大三上学期，这个产品就是小莫的增长黑洞，使得他在产品、技术、运营上都实现了高速增长。这种增长小莫自己清晰地感受到了，面试官们同样感受到了。

3）顶层视图

我每次为小莫提供指导，都会挑出具体问题，帮助他构建顶层视图。加上他认真地看了我的书，初步完成了自己在产品方面的顶层视图。

顶层视图看似比较虚，但却无时无刻不在发挥作用。小莫在独角兽企业、大厂实习时，之所以每次都会得到产品总监的明确认可，就是因为他具备比较清晰的顶层视图，能够快速理解上级的指示，并很好地在自己的工作中落实。在京东科技这样的大厂，他能独立提出功能并获得通过，顶层视图在其中发挥的作用不言而喻。

4）龙卷风路径

龙卷风路径强调尽快实现一个可用产品，哪怕是很小的产品，只要完整就可以。在"袋友速递"这款产品上，小莫就采用了这个方法。思路一旦打开就会爆棚，他兴奋地提出了很多想法。我对此给予了肯定，但提醒他第一版只需要实现最基本的功能：需要他人帮忙代拿快递的人能顺利下单、付费；想帮他人代拿快递的人能顺利接单，快件送到后能顺利收到钱。也就说，初期应先让龙卷风转完一整圈。

小莫理解我的建议之后照此执行，很快"袋友速递"第一版上线了。他很快得到反馈，校园里确实有这个需求，而且是可持续的需求。有些快递多的同学已经离不开这款产品了。

我要求小莫将产品真正落地运营，并且根据运营情况调整产品，进行版本迭代。

袋友速递采用的运营方法有两类。

（1）**脱离产品功能的运营**。例如，上线时送暖宝宝，这给第一批用户留下了好印象。在快件上贴上不干胶帖，其上有产品的小程序码，这样同宿舍的同学只要随手一扫就能使用袋友速递了。这种方法充分利用了现有客户进行扩展。

（2）**结合产品的运营**。这是产品经理需要特别关注的。比如袋友速递的产品首页中，取件码框下有"新用户领取免费"字样，并给出了免费次数。有免费机会，很多用户自然不会放过。点击这个按钮，会出现二维码，提示添加"袋友速递客服"，其实就是加小莫的微信。这实际上在构建私域流量，对以后的运营很有利，比如进行版本迭代时，小莫可以直接与用户沟通，可以更好、更快捷地了解他们的需求。其实，这就是增长黑客的典型做法。

龙卷风第一圈完成，接下来该进入第二圈了——版本升级。

袋友速递 2.0 版主要推出了会员卡功能。这是增加用户留存的最好方法。下图所示是小莫使用看板进行二期开发的真实场景，尽管开发人员只有他自己，但他依然做得很专业。

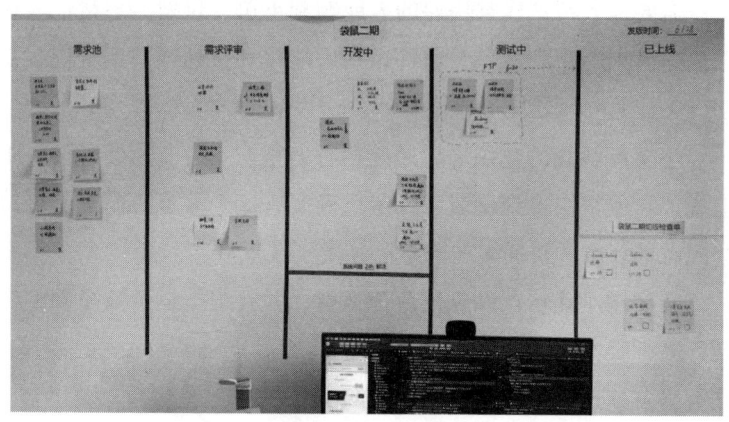

针对袋友速递 2.0 版的运营，我给出的建议是：在其他高校招代理商，让产品进入更多的校园，获得更多用户，实现快速增长。

5）深钻猛吸

如何理解场景、用户、需求？小莫在深入钻研产品的过程中对这些概念有了深入理解。

技术上，小莫经过实战磨炼，在小程序开发上已经达到较高的水平。凭借这个项目，小莫获得了微信官方举办的小程序开发大赛华南赛区的三等奖。运营上，小莫对产品运营、用户增长的理解也已经超越了绝大多数同龄人。

一个普通高校的在校生，在五大原力加持下，仅用一年就脱胎换骨，完全提升了一个层次。小莫当前的产品能力，已经超越了大多数 1 年经验的产品人。这和他使用了更高效的方法有直接关系。

希望产品人都能获得良好的职业发展，并以此为基础收获美好的人生！

我给产品人的 4 个建议

产品人的职业发展，如果要用最简单的语言概括，那就是一句话——把自己当成产品来经营。

一个职场人士其实就是一款产品。

- 职场人有自己的目标用户：企业雇主。
- 职场人有自己的产品特征：认知、能力、年龄等。
- 职场人有自己的竞品：其他职场人。

对产品起作用的规律，同样适用于产品人。我们怎么经营一个产品？首先要了解环境，包括趋势、用户需求、竞品，然后是产品设计、产品实现、产品运营。产品人怎样经营自己的职业发展？我的建议是"像做产品一样"。我们按顺序来讲解。

1. 定义好自己的产品特征

要将市场趋势、市场机会和自己的特长、兴趣相结合。在一个高度细分的行业，全知全能的产品经理是不存在的，这就像满足用户一切需求的产品不存在一样。产品经理需要对自己的产品特征等进行选择。

2. 按设计进行产品实现

选择好特征，接下来就是打造的过程了，这自然要依靠主动学习才能实现。比如，你选择的产品特征是"具备系统的数据驱动能力"，那就要求你去主动学习相关的理论，研究案例，最终让自己真正具备这个能力。

3. 用产品生命周期规律指导职业发展

产品有生命周期规律，产品人也是一样的。产品生命周期规律可以很好地指导产品人发展。

下图所示是普遍适用的产品生命周期规律，其实职场人士也是一款产品，也符合这个规律。

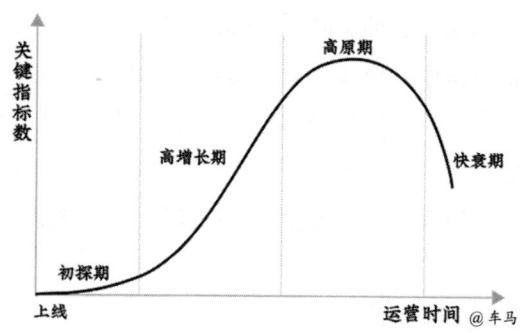

（1）**初探期**：通常为工作的前 1～3 年，这个阶段很难压缩得更短，但可能更长。该阶段的主要任务是找到市场需求与自己喜欢的方向的结合部位。职位、薪酬不是这个阶段的重点。这个阶段既要有垂直落地，又要有横向探索。垂直落地是指在一个细分工作领域（行业、产品类型的组合）落地，这是一切的根本。尽力追求完整的价值链——需求管理、产品规划、产品落地、产品迭代；横向探索是指接触更多的细分行业、产品类型，以及除产品以外的其他工种，从中寻找机会点，不要局限在自己的一亩三分地。

（2）**高增长期**：通常会持续 3~5 年，具体取决于赛道大行情和自身运营情况。在此期间，需要逐渐实现细分行业、产品类型的聚焦。处于职场高增长期的人，要珍惜自己难得的主动权，充分利用主动权，可让自己的职位、薪酬上升到足够高的水平。

（3）**高原期**：高原期是舒适期，也是危险期，下一个周期就是快衰期。高原期核心策略只有两点——运营思路（尽量延长）和产品思路（开辟第二条增长曲线）。

（4）**快衰期**：一旦进入这个阶段，已经很难有作为了。如果年龄够了，钱也赚得比较多了，那就退休。产品经理不要到了这个阶段再着急。着急和成名一样，要趁早。只要你去做，即便每一个环节都只是合格，众多的"合格"，在正确的战略指导下，就会合成"优秀"。

4. 用杠铃模型指引职业发展

对于本书的读者来说，大多数都有从白领产品经理向金领产品经理跃迁的需求，所以很多人都希望有一份对应的能力体系来提供指导。大公司都有各自的能力体系，但这些更适应本公司的需要。那么，有没有普遍适用的能力体系呢？杠铃模型就是这样的体系。

产品经理是分层次的，相应的杠铃模型也分层次。下图所示是金领产品经理的杠铃模型。

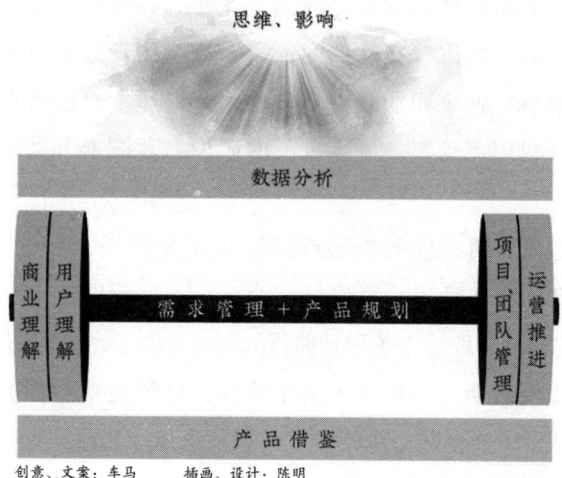

创意、文案：车马　　插画、设计：陈明

金领产品经理的杠铃模型包含了金领产品经理的 11 个重要能力项。关于杠铃模型，《首席产品官 1》《首席产品官 2》有详细讲解，为避免重复，这里就不再展开了。

有模型做对照，就能跳出迷茫，清醒认识自己，并获得成长。在杠铃模型指导下，快速成长大体可以分为三个步骤。

第一步：对照金领杠铃模型，先给自己打分。如果金领产品经理在某个能力项上的平均满足度是 100%，你认为自己可以是多少？要根据自己的能力现状如实打分。下图左侧所示是一个参考，这也是目前比较典型的白领产品经理的情况。

我们重点看下图中得分较低的几项。

（1）商业理解得分很低，需要大力增强。

（2）运营推进较差。当前大多数白领产品经理和运营人员的关系比较紧密，产品经理的工作以将相关任务移交给运营人员为主，在运营方面以配合为主，谈不上推进。

（3）数据驱动能力不足。大多数白领产品经理能做好数据分析就已经不错了，他们既没有数据驱动的意识，也不知道该怎么做，更不知道如何推进整个体系。

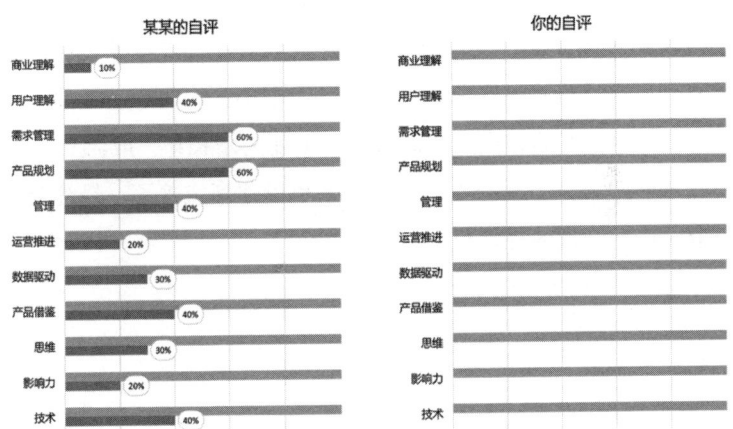

（4）思维深度、影响力不足。大多数白领产品经理完全没有意识到自己在这两个方面的问题，总觉得这是非常抽象的东西。其实思维深度不够、影响力不足，在白领产品经理群体中是普遍存在的问题。不解决这两个问题，成为金领产品经理的机会非常渺茫。

第二步：找出短板，列出行动计划。根据杠铃模型，对自己的能力打完分之后，短板就暴露出来了。接下来要针对短板列出改变计划。不要急着制定长期计划，先计划接下来一周要做哪些事。可以在第一周针对最严重的一到两个能力短板采取行动。例如针对商业理解能力，可以先去阅读一家互联网上市公司的财报，将在财报中发现的问题用几句话写出来。第一周的计划顺利完成之后，再制定并执行一个月的计划。这样按月滚动推进，只要坚持一段时间，一定会看到效果。

第三步：检查效果。一般来说，每隔 3 到 6 个月就要对照杠铃模型给自己重新打分，以便检查效果。检查效果时，为了避免当局者迷，可以邀请其他人对自己的某项能力做出评价。

我在为数百位产品人进行职业发展规划时，发现缺乏清晰的能力模型指导是普遍现象，尤其是广大中小公司的产品经理。这些人往往不缺经验，资历也足够高，但能力增长却一般。

随着短板一个个补上，能力体系也就逐渐完善了，最终会具备金领产品经理的杠铃模型。

05

小厂产品经理的迭代思维

——老K

我是老K，一个地地道道的野路子产品经理，从市场营销转型到产品领域，之后一路做到产品线负责人，现在是自由职业者。下面是我的故事。

我对产品经理认知的迭代

1. 体验至上

2013年，刚大学毕业的我入职一家共享软件公司，做市场营销专员。

由于大四实习期间做出的一点成绩，外加面试时出色的口才加持，老板一激动，把我的底薪提高到了5000元（当时市场部新入职的应届生工资标准是3500元），并承诺：只要我好好干，1年以内工资加到10 000元！

颇有点儿春风得意的我，自然是大展拳脚，将毕生所学都施展了出来。我在半年多的时间里把市场营销的工作全部折腾了一遍，只可惜结果嘛，不能说一无是处，但绝对可以说毫无波澜。

市场部在复盘时对我的做法提出一大堆问题，不过在我看来，都是些细枝末节的东西，绝对不是导致销量没有起色的关键因素。

我想了很久都想不通"用户为什么买竞品，而不买我家的产品"，最后实在没办法，我将自己代入用户的身份里，深度试用了两家的产品。试用之后，总结出如下几点。

（1）两个产品功能完全一样。

（2）竞品界面更精美。

（3）竞品功能布局更合理。

特别是第三点，区别尤为明显，我司产品采用的是典型的极客思维，功能按照属性分类摆放；竞品是以用户为中心，功能根据用户的使用频次分类摆放，这对大多数用户来说，使用更简单。

最后我认为,市场部工作之所以事倍功半,产品要背很大的锅。

共享软件行业没什么技术门槛,大家做出来的东西在功能上是没什么差异的,而且售卖方式是先免费试用再付费,所以用户试用产品时的主观感觉对最终付费至关重要。后来我才知道,原来这就是用户体验。这是我对产品经理的第一个认知:用户体验至上。

同时我也意识到一个问题:产品是1,运营、营销是后面的0,如果前面那个1有问题,你后面画再多个0都是徒劳。

经过跟老板的几番长谈,我在公司内部转岗,成为公司的首任产品经理。

2. 死磕需求

在开始做产品经理的很长一段时间里,我的主要工作是改版现有的产品,在功能不变的情况下提高用户体验。那段时间完全是以用户体验为中心重新设计产品,单一的工作内容造成了我对产品经理的认知偏差:我认为提供优质用户体验是产品经理的核心工作,甚至是唯一的工作内容。

有一次跟一个产品前辈闲聊,前辈问我:"你怎么定义你的工作?"

我自信地表示:"如果用一个词定义产品工作,那就是用户体验。"

前辈微微一笑:"不考虑需求吗?"

说实话这个问题触及我的知识盲区了,正当我茫然时,前辈继续说:"与真正的需求相比,用户体验就显得没那么重要了。"

我牢牢记住了前辈的话:需求是基础,用户体验是锦上添花。后来跳槽到一家 P2P 公司,开始了我的需求之旅。

我最初认为产品经理的职责就是把用户的需求变成产品的功能,其间需要做的是识别需求的真伪、频次和优先级等。用的方法简单粗暴,将自己代入用户的角色中去感知需求。当时深信产品经理就应该是产品最铁杆的用户,就应该"一秒变小白"并去感知需求。现在回头想想,真应了那句话:这不是用户的需求,这是产品经理的需求。

感知需求其实挺粗糙的,如果做的产品就是面向年轻人,那还好,自己就真的是目标用户。如果产品是面向具有特定标签的人群,比如老板、老年人、股民等,产品经理无法浸入真实的场景,那就很难感知到真实的需求。

野路子产品经理经常陷入的误区就是无比自信地盲目提需求——用户都是门外汉,我比用户更懂他们自己。拍脑袋得出的需求,上线后经常让用户迷糊——难道有这个需求?产品经理会反向迷糊——难道没这个需求?

有时产品刚刚上线就遇到障碍。针对产品问题,产品经理跟程序员辩论,容易陷入各说各话的情况,谁也说服不了谁。这个时候,要是有数据,情况就不一样了。我就是先学会从数据中寻找需求,后来才慢慢掌握用户调研的方法。

下面分享我总结的一套需求方法论。

(1)正经需求的来源有两个——用户和数据。其中数据也是用户使用产品产生的,所以需求归根结底还是来源于用户。

(2)上述结论对天才无效。比如乔布斯,人家是先把产品做出来，然后告诉用户：你有这个需求！然后用户普遍认同……

（3）有人会说，竞品也是需求的重要来源。好吧，既然你这么大言不惭地把抄竞品摆在桌面上，我就告诉你，这类需求来自竞品的用户，而不是你的产品的客户。

（4）不正经需求都是拍出来的，比如老板一拍大腿、自家产品经理一拍脑门、竞品产品经理瞎拍脑门等。

研究清楚这些问题，你才算是真正理解了需求，真正入门了产品经理。

3. 精通业务

我曾经认为产品经理都是 USB 型人才，掌握的都是通用型技能，即插即用。直到后来，我跨行业跳槽，跳到了 B 端 SaaS 行业，才慢慢改变了这种认知。

从 C 端跨越到 B 端，之前的很多东西好像突然都不灵了，甚至你面对的产品使用者也从"用户"变成了"客户"。

to B 产品与 to C 产品的区别来自多方面：更多的付费、付费人与使用人不一样、获客靠销售而非运营、产品更复杂更贴合业务……其中最重要的是，产品与业务深度融合，其结果就是，如果你不精通业务，很多产品设计都没有依据、无从下手。

我们团队做过多款 HR SaaS 工具，为了了解用户的使用场景和痛点，产品经理就要与 HR 反复沟通，在这个过程中，大家建立了深厚的友谊。闲暇的时候，产品部的同事经常帮 HR 处理一些非涉密的工作，他们在兼职 HR 的过程中可切身感受用户以及使用场景。到最后，在某些特定的业务场景，HR 甚至会跑过来请教产品经理。只有做到这样的程度，你才能算是深入到业务中了。

除了泛B端SaaS产品之外，基本上所有涉及传统行业的互联网产品都与业务紧密结合，比如旅行、电商、在线医疗、在线教育等。在这些互联网赋能的传统行业里，高级产品经理基本都精通业务，每天花在业务上的时间多过花在产品上的，是典型的"T型人才"。

4. 把握商业目标与用户需求间的平衡

做产品五六年后，我对产品经理的定义变了：一个产品，在实现公司商业目的和满足用户需求之间需要有一个平衡点，产品经理负责把握这个平衡点。往左偏一点，公司可能迟迟无法产生有效营收；往右偏一点，产品可能因为过度商业化而把用户逼走。

产品经理若负责一条产品线，那他的脑子里永远都要有两件事儿——增长和营收。用户增长，证明你的产品在方向选择上没问题，市场空间足够；营收增长，证明产品的商业化能力强。

足够大的市场＋不断增长的市场份额＋切实可行的商业模式＝成功的产品

你可能会说："现在我接到的任务就是做增长。"这仅说明你的产品处于"快乐"的成长期。这就像每个人都有十几年无忧无虑的校园生活，直到踏入社会，才开始面对残酷的现实。而产品的成长期远没有十几年那么长，最多3年，如果你的产品在3年内都没能实现增长，那么一定会被当成弃子。

产品的世界比人类的世界更残酷，不成功便成仁，几乎没有别的选择。所以，即使你正在做从 0 到 1 的产品规划，也一定要把未来营收纳入你的规划里面。不需要太具体，但至少要有 2 个营收方向需要想好。就像上小学时，老师问你长大以后想做什么，做明星、当医生、做宇航员？你早点确立梦想，可以避免大学毕业时迷茫。产品早点确定盈利模式，可以避免有了流量之后却又头疼变现。毕竟，变现不比增长简单。

产品经理思考的时间，通常比动手和动嘴加起来的时间都要长，这也契合雷军用 20 年职业生涯得来的真谛：不要用你战术上的勤奋，掩盖你战略上的懒惰。

公司每周都有例会，我对本部门的产品经理有一个要求：我不关心你上周做了什么，我只关心你手上的项目进展如何，为什么延迟，卡在哪，有没有解决方案。

前几年网上有一句著名的鸡汤语：**产品经理是 CEO 学前班**。对错且不做评价，我只觉得，产品经理真的要用 CEO 的心态来看待自己负责的产品。你做了什么并不重要，你做成了什么才重要。

无论你是经常加班，还是按点下班，对老板来说没区别，老板看到的只有结果，而产品经理就是对这个结果负责的人。多说一句，过程和结果只能要一个，既看结果又盯过程的领导，建议炒掉。

怎么对结果负责呢？这意味着，你做的每一件事都要落在结果上。

曾经有一个产品经理找我看一个产品迭代方案。看完后我问："此次迭代的目的是什么？"答曰："优化用户体验。"我很严肃地告诉他:"优化用户体验可以是你其中的一个目的,但绝对不应该是主要目的。你做任何一次产品迭代的直接目的要么是增长,要么是营收,没有第三个选择。"

我负责的部门有不止一条产品线,也有不止一个产品经理。我对产品经理的工作划分不是简单地每人负责一条产品线,而是要么负责增长,要么负责营收。产品线都是公用的,产品经理对增长或者营收的结果负责。

像做产品一样做公众号

我从 2016 年开始写公众号,最初是为了记录经验教训、总结自己的方法论。没人带的野路子产品经理,成长只能靠自己。所以公众号取名叫"产品经理日记":以日记的形式记录自己作为产品经理的经历和反思。

写了一段时间之后我发现,自己写的日记竟然每天都有人看。更让我意外的是,在公众号阅读量只有一两百的时候,我接到了第一个广告投放合作,赚了 200 元。那时候距离我写下第一篇文章只有几个月的时间。

这就有点意思了,既然能赚钱,那就多赚点吧。因为文章阅读量直接决定广告报价,公众号粉丝量决定阅读量,所以第一件事就是让更多的产品经理关注我。

1. 曝光

第一步就是让更多的产品经理知道我的公众号。最高效的方式是找到产品经理的聚集地，比如垂直论坛（贴吧、PMCAFF、产品壹佰、知乎等）、QQ 群，然后直接把自己发在公众号的文章同时发到上述论坛、QQ 群中，并留下公众号介绍进行引流，之后每天就会有源源不断的新增关注。

2. 转化

一段时间之后我发现，上面那种简单粗暴的增加曝光的方式，实际转化率并不高。于是我开始分析这些渠道的问题。发在论坛的文章，读者读完也就完了，缺乏吸引他们主动关注公众号的"钩子"。改进措施也很简单，在每篇文章的末尾留一个"钩子"，放一点文档、资料之类的东西，让读者去公众号领取，这样一来主动搜索关注的人就多了起来。

发到 QQ 群的文章往往一上午就被聊天记录覆盖了。于是我就不在聊天窗口发了，把文章转成 PDF 格式，往群文件里扔。在 1000 多人的大群里，热门群文档的下载量都有上百甚至数百，从这个渠道来的关注数也很可观。

除此之外，关注数达到一定量级之后，我还做了几次裂变活动：整理一些资料，让读者将我的热点文章发群或者发朋友圈之后截图领取，每次活动也能收获数量可观的新增关注。

3. 留存

为了提高读者的留存率，本着与读者做朋友的心态，我按地域建立了多个产品群。到目前为止，已经有 3 个 QQ 群和 20 多个微信群,涵盖北京、上海、深圳、广州、杭州、成都、武汉、南京 8 个城市,聚集了超过 1 万名产品人。

4. 营收

公众号的主要营收方式就是接广告。做公众号就是做产品。原创、转载的干货,是满足用户需求的功能,广告文是实现营收的功能。

产品在冷启动阶段,没钱没资源,拼的就是运营者的执行力,日复一日地执行最简单、最枯燥的动作。有了最初的种子用户之后,通过原创、活动等方式进行裂变。

公众号是我做过的最成功的产品。

职场中层管理者的突破选择:做一份不赚钱的副业

一个普通互联网人的职场生涯:22 岁,大学毕业开始工作;25 岁,经过尝试和摸索,找到了适合自己的工作——产品经理;30 岁,经过努力和奋斗,终于在跳槽之后升级为高级/资深产品经理;35 岁,屡次尝试后,终于赌对了一次风口,做出了漂亮的数据,晋升为产品总监,成为公司中层管理者,从此可以与 Axure 说拜拜了;又两三年,被裁员,万般无奈下,入职美团、饿了么,靠电动车勉强维持生活……

1. 尴尬的中层管理

老 K 曾经与某大厂的 HR 聊天,问他:"如果因为外部环境问题公司要精简人员，会对哪些人下手？"

她毫不犹豫地回答："当然是中层管理者了。"

我问及原因，她说："高层动荡，外界会以为公司出问题了；裁撤底层，节省的成本十分有限，而且公司的正常运转全靠底层员工去落地执行。与之相比，只有中层管理者最合适。"

真实的情况恰如这位 HR 所说，这几年的互联网企业裁员潮中，大厂盯的就是中层管理者：2018 年 12 月，腾讯开始着手裁撤中层管理者，比例在 10% 左右；2019 年 2 月，京东宣布将末位淘汰 10% 的副总裁以上的中层管理者；前段时间，华为甚至不惜冒着赔偿 10 亿元的风险，定向清退 35 岁以上的老员工，共计 7000 人，而这些人，大多都是所谓的中层管理者。

大部分互联网中层管理者其实是有点尴尬的，拿着高薪，工作只动嘴不动手，长期脱离一线战斗岗位，知识、理论、技能滞后。因此他们的可替代性是最强的。更可怕的是，绝大多数互联网人的职业生涯的天花板都出在担任中层管理者时。有的同学说，我要努力成为真正的高层。我想说的是，想成为高管，单凭努力是远远不够的，智力、体力、贵人、机遇甚至运气，缺一不可。

你每看到一个成功的高管，背后都有 999 个失败的中年人，你敢不敢用自己的人生去赌那千里挑一的可能性？

2. 不能存档就需要 B 计划

我上中学时喜欢玩单机战略类游戏，比如三国志系列，玩这个游戏时我有个习惯：频繁存档。当遇到重大战役失败、顶级武将被俘虏时,就开启读档大法。

后来上大学,在同学的带动下开始玩《DOTA》《英雄联盟》,这类游戏的特点就是不能存档,没有后悔药可以吃,于是我每次做决策都必须谨慎小心。

游戏输了还可以开始下一局,人生呢?

人到中年,我突然开始明白,为什么父母那一代人那么执着于考公务员、事业编或进国企,为什么那么执着于稳定。

谁人年少不轻狂?我也一样,曾经以为像我这样优秀的人,即使不能横空出世改变世界,也会职场一路开挂,35岁实现财务自由,之后光荣退休。但现实是,真实的世界把我按在地上一遍一遍摩擦,现在的我距离35岁还有三四年时间,但距离财务自由却比20岁时还要遥远。

选择做互联网就相当于从事了一份完全没有保障的职业,而且不能存档,更可怕的是,甚至可以预见到中年以后的结局:被优化掉、被输送到社会中……

"焦虑"这个词被职场人不断提及,即便他们现在拿着高薪,在市中心CBD上班。身处其中的人才明白:大家焦虑的不是现在,而是未来。

万一中年被裁,自己该怎么办呢?10年的工作经验,我们原型画得贼快、PPT做得贼好、周报写得贼满,而一旦离开公司这个平台,这些"技能"值多少钱?

在不能存档的人生中,解决焦虑的方法就是永远有B计划。

3. 副业就是 B 计划

我从 2016 年开始写公众号，最初的目的是以日记的形式，每天总结和沉淀产品经理方法论，从没想过写日记还能挣钱。

最初的一段时间坚持每天晚上回家总结反思，公众号日更了很长时间，那段时间能明显感觉到自己的成长，像玩游戏升级一样直观。后来，随着公众号粉丝的增长，开始有人来找我寻求商务合作。再后来，找我做投放的人越来越多，现在 10 个加我微信的人中至少有 8 个是谈公众号投放的。

2019 年 10 月，我做了一个不太成功的创业项目，一直持续到现在。两年的时间没有工作，还背负着数目不小的房贷、房租和日常支出，但我并不着急，因为公众号的收入足以帮我维持生活，我有充足的时间去思考下一步该做什么。

很庆幸自己选择做一份"副业"，更庆幸自己做副业的初衷不是为了赚钱。如果是为了赚钱，我绝对坚持不了多久。

4. 好的副业一开始都不赚钱

关于副业，网上有两个主流的声音。一个教你怎么赚钱，利用流量赚钱、利用信息差赚钱、利用知识差赚钱，循着这个声音找下去，最后多半是卖课程和卖知识星球。另一个则是一边吃着副业的红利，一边站在职业道德的高点告诫大家：你要做好主业，副业刚需是个伪命题。

这么一说就明白了，前者纯粹是割韭菜，教你的赚钱方法都赚不到钱，卖课和卖知识星球反而让他们赚得盆满钵满。后者不是坏就是自私。

关于这两种声音我不想说太多，前面表述得很清楚了，普通人都需要一份副业作为人生的 B 计划。

那么应该怎么选副业呢？有两个原则。

（1）**做副业不能影响你的主业，能反过来对你的主业有帮助是最好不过了**。这个比较好理解，比如我写公众号，利用每天晚上总结和反思的时间写，对提升产品经理技能有帮助，不但不影响主业，反而对其有促进作用。

（2）**副业要有长期价值，短时间内赚不赚钱不重要，而且不赚钱最好**。为什么短期内不赚钱反而更好呢？

2017 年我曾跟一个朋友合作做培训，我负责招生，他负责讲课，我们三七分成。那段时间，咨询招生占据了我的大部分时间，没错，是工作时间。原计划是业余时间做点副业，但是赚钱实在是太让人兴奋了，兴奋过度的结果就是影响工作。所以说，做副业，一开始不赚钱反而是好的。

在不影响自己工作的情况下，根据自己的技能、兴趣，选择一个可以长期做下去的副业。比如知识输出，可以像我一样写内容，通过公众号或简书发布；比如做一个小产品，程序员可以做一个工具类小产品，利用业余时间去运营；比如可以做 B 站 UP 主，然后开箱、讲段子、晒宠物……

做副业要看长期价值，目的是作为人生的 B 计划，而不是短期内增加收入。急功近利不可取，一门心思地做抖音带货、摆地摊，我认为不适合产品经理，所以建议大家远离。

趁自己还有工作收入，还没到中年，还没那么焦虑，提前做一份副业吧。普通人都需要做副业，不赚钱的副业才是刚需！

我给产品人的 4 个建议

下面分享几个我这些年总结的几个适合产品人自我提升和发展的小建议。

1. 工作合理排期

每个产品都有一个需求池,里面记录着很多需要迭代的需求。需求太多,做不完怎么办?合理排期,按照迭代节奏排好优先级,一个一个去做。工作也是一样,每周你都会接到很多工作,或者给自己规划很多工作。如果没有合理的排期,你可能吭哧吭哧忙一周,结果还做不好。

我之前上班时,会在周末提前规划下一周的工作内容,周一早会后,根据会上沟通情况调整一下,然后进行排期。排期按重要程度、紧急程度、期限、协作进度等多个维度进行。对于临时加入的工作,一个成熟的产品经理应该有的反馈是:已加入排期中。

合理的工作排期,可以让每天的工作游刃有余,甚至能避免加班。

2. 适当报错

很多产品面对用户的不当操作或者恶意操作时都会进行报错,我们的工作也应一样,面对不合理的工作内容,要避免做老好人,学会报错(拒绝)。

之前见过有产品经理抱怨，公司的前台总是让她帮忙处理图片，在线工具发过去，对方表示不会用，坚持要她处理。对于同事的这种诉求，要直接拒绝！当老好人的结果就是每天做很多无用的工作，这对自己业绩或者能力的提升都没什么帮助。

那么，面对老板的不合理需求呢？

听过一个真事儿，有一次某知名互联网大厂老板（创始人兼CEO）找手下的一个员工帮他修电脑。员工说了这么一番话："老板，这是公事儿还是私事儿？如果是公事儿，这不在我的工作范围内，按照公司规定，上班时间不能做与本职工作无关的事情。如果是私事儿，那么我和你的个人交情好像没那么好，没有理由为你服务。"于是他拒绝了……要是老板找你修电脑，你干还是不干呢？

3. 让领导选择而不是否决

我们在对产品的某些功能进行优化时，如果拿不准怎么改好，通常会采用 A/B 测试，即同时采用两套方案，根据数据表现选择一个更好的。工作中也有类似的情况。

刚开始工作时，部门领导会给我安排一些事情，但我每次提交的方案基本都会被打回，没个三五回合定不了。后来我改变了策略，每次提交两个方案，不问领导方案行不行，而是问哪一个方案合适，这样一来，大概率会有一个方案被选中。

只提交一个方案，是让领导说行或不行，提交两个方案，是有意引导领导选一个，这是一个提高工作效率的小技巧。

4. 坚持迭代自己

互联网产品总是在不断迭代、完善，以求更好地满足用户需求，以此获取更多的用户。如果一个产品停止迭代，用不了多久就会被竞品超越。

人也是一样，时代像一条奔涌的河流，我们就是一个个逆水行舟的人，不进则退。那么怎么迭代自己呢？想想我们是怎么做产品的：产品迭代的需求一般有两类，其一是根据用户的反馈、数据表现去优化现有功能；其二是根据产品既定目标，有计划地新增功能。

迭代自己也是一样。一方面是发现自己的问题，然后去改正、提升。最好是有人指出你的问题，因为当局者迷旁观者清。所以同事的吐槽、领导的批评千万不要一笑而过，一定要从中发现自己的问题。

另一方面，想想5年后甚至10年后的自己会是什么样子，成为这样的自己需要具备什么能力。从现在开始制定学习计划吧！拒绝自我迭代，待在舒适区是一种很危险的行为，时代抛弃你时是不会和你打招呼的。

06

像做电商一样，长期经营自己的人生

——刘志远

我是刘志远一个乐观的长期主义者。我在做很多选择的时候，不是用金钱收益来评估，而是考虑是否有长期价值，正如我从事的这个行业——电商一样。电商也是一个需要长期投入、积累经验的行业，从选品到上架、从流量导入到好评反馈、从低价销售到爆品打造，这一系列操作都需要长时间的积累，一环套一环。

我的电商产品之路

我是一名电商产品经理。电商产品经理是一个值得深耕的职业。我从一个对互联网充满热情的少年，经过学习交流、勤奋工作，汇总整理各方涌来的信息，在各个行业、不同系统间积累经验，逐步成长为产品专家。

我下过海，创过业，写过书，带过团队，折腾至今，一直践行长期主义的理念。有着这样信念的同学，我相信终究可以收获想要的结果。所有的一切，都需要我们保持高度自律，像做电商一样，长期经营。

过去几年通过电商课程，我接触过 2000 多名产品经理，也面试过几百位产品经理，见过很多转型成为产品经理的同学，在很多人身上看到了同样的迷茫。没有一个大学专业叫产品经理，所以说没有科班出身的产品经理。但是由于产品经理岗位的特殊性，这个岗位的竞争颇为激烈，应聘难度很高。有很多人向我咨询如何转型，相信我的经历可以帮到你。

这 3 点让我快速成为电商产品专家

很少有人知道，我是从传统行业转型成为产品经理的。

我是在东北上的大学，那个时候互联网行业并不像现在这样高薪且繁荣。加上消息闭塞，在周边大环境的影响下，那个时候我认为最好的工作在汽车和快消行业，所以暑期实习去了珠三角最好的车企，校招就业去了长三角地区最好的车企。之后就过上了朝 9 晚 5 的日子。至于如何一步步走入互联网生活，这就说来话长了，下面我会详细介绍。

1. 懂得及时止损，可以跑得更快

在我毕业的时候，我真的觉得汽车相关工作是最牛的工作，稳定、高薪，还有很高的社会认同度。

当我入职后，作为一名规划工程师，每天在工厂里晃荡，处理各种事务。看着60秒下线一辆汽车，不禁思考，在自动化生产线如此完备的制造企业里，我的核心价值在哪里？要一直当一颗螺丝钉吗？我喜欢折腾，希望有一定掌控感。大学做过四五个项目，非常喜欢那种掌控一切的感觉，车企如此波澜不惊的工作氛围让我很难安分下去。

就这样浑浑噩噩过了半年多，我开始思考改行的事情。看过吴军老师的《浪潮之巅》的朋友一定记得书中有这样一句话："生在这个时代，最大的幸运就是可以看到商业和科学技术完美结合，不断改变这个世界的面貌，不断改变我们的生活方式。"能赶上互联网的浪潮是我们这一代人最大的幸运，我想试试。自此萌生了改行互联网的念头。由于是改行，我给自己的定位很低，对薪资是没有要求的。先入行，这是我给自己设置的目标。

说干就干，我开始学习产品经理相关的技能，买书、买课程，利用下班后的时间学习Axure等软件，阅读"人人都是产品经理"社区上的文章，买回来当时能找到的所有互联网产品相关的书籍，一本本阅读。对着一些流行的互联网产品画原型图，尝试自己写一些关于互联网产品分析的文章，就这样我逐步开始了转型互联网之路。

转过年来，年初我就开始写简历、找工作，请假两天面试了3家公司，拿到了3个职位机会，我选择了一个产研类的创业公司。这家公司也有几百人的规模，我看中的是这家公司的成长空间。我非常感谢当时那些给我机会的公司。

看完上述内容，大家可能觉得我改行、找工作一切都很顺利。其实不然，我也是在向100多家公司投递了简历后才获得了有限的几个面试机会，而且面试的时候也曾被多次拒绝过。

在换工作的时候，我也劝过周边的同事离职。传统汽车行业虽然是制造业中最好的领域，但是这个时代，不进则退，看好方向就要及时转身。所料不差，当年的同事都陆陆续续改行了，当年最好的就业机会在如今的应届生看来也不再吃香。

不论改行还是换工作，当我们发现一件事情不再产生长期价值的时候，就应该有所抉择。时间拖得越久，改行成本越高。我们要懂得及时止损，这样才能轻装上阵，跑得更快、更远。

我也遇到过工作很多年，然后想改行做产品经理的同学。发现有的人真的放不下，在改行前思虑过多，本来一个月就可以完成的事情，拖了好几年。有一位做运营的同学，在2017年和我说要改行做产品经理，到了2020年才开始投简历，和我说："刘老师，没想到改行这么简单，后悔之前耽误了好几年。"还有一位快40岁的大哥，原来是做便利店的，他向我咨询改行电商的事情，对于这种情况的人，我一般都是直接劝退的。

在做某些决定的时候，我们虽然要对外部环境做一定的趋势分析，但同样要与自身的能力进行匹配。面试方在对改行做产品经理的人进行考察时，学历、过往行业匹配度、学习主动性和年龄是几个重要的衡量因素。

2. 放低姿态，注重自我成长，而非短期利益

我一直抱有这样的观念：作为一个有追求的职场人，在工作前 3 年，甚至前 5 年，在能保证基础生活条件的情况下，不要太在意赚钱这件事。入职场后的前 3 年的情况一般会对后面的职业发展产生决定性的影响，前期没打好基础，后期能翻盘的很少。我们要把自己前几年的成长路径规划好，这需要舍弃一些短期利益。

比如当年由汽车行业改行为产品经理的我，最初待遇其实下降了一半。在选择第一份产品经理工作的时候，我主要评估了成长空间。所以我选择了一个产研体系比较完善的电商公司。入职之后，除了本身的职责之外，我花大量时间阅读了内部的产品文档，了解了每个系统的产品设计，以及后续的迭代方向。遇到不懂的内容，会向相关的产品经理咨询。至今仍觉得那段时间是我工作以来成长最快的时期。

当我每次接手新的工作，或者进入新的行业时，都会把自己放空，以一种新人的姿态去学习。在工作上，初期需要加班，但不是因为工作繁忙而加班，而是为了快速了解当前的业务，了解业务的全流程。对于产品全景图的了解，可以帮助我们在后续工作中快速定位问题，从而找到对某模块、某业务进行优化的最佳方法。

3. 敢于挑战，失败比成功更值钱

我创过业，而且失败了，但是我非常感激那段经历。创业

非常辛苦，比996更残酷，睁开眼就是公司的事情，很多时候都是凌晨之后才下班。我需要去找钱、注册公司、招聘，还要去路演，去照顾员工的情绪，因为小公司非常怕员工跑路不干了。

这段经历让我理解了商业运行的全流程，让我知道招聘是双向选择的，产品的目标是业务增长，而不是系统完善。在这期间获得的经验，很多是我在为他人工作时无法接触到的。

打造爆品需要不断试错、小成本投入、引导评论等，直到打造出爆品。我们的职业发展也一样，做每件事都要考虑成本，在发现结果不对的时候要及时止损。当然，最重要的是积累经验，以帮助我们长期、健康发展。

这些都是我一路成长的经验，正是这些经历和原则让我可以快速融入电商领域，成长为对电商行业还算有一定认知的产品经理。

总结复盘，用分享破圈

重复工作的价值在哪里？什么样的工作会给你带来愉悦？

产品经理虽然是一个创造型的工种，但是落地时并不"美丽"，因为有非常多烦琐且重复的工作要做，例如为运营人员解决问题，与研发人员讨论资源和排期，这些都会花费产品经理大量的时间。我们如何在这样的工作中寻找自己的价值？我认为总结复盘很重要。

我和大家一样，是从一个产品新人逐步成长起来的，我也有过迷茫，也和很多产品经理聊过他们的困惑，很多人觉得工作没意思。也有很多人有迷之自信，怼天怼地怼一切，觉得身边人都不行。

很多产品经理工作3年、5年、10年没啥能力上的进步，还一直停留在功能层，还在做系统实现，年头虽然涨了，但是认知模型没变，方法论没升级。出现这样的情况，核心原因在于没有对所做的工作进行总结复盘，没有进行深入思考。

有些人可能感觉冤枉，自己明明进行过复盘，但是低效的情况依然没有改进，自身价值依然没有提高。这是为什么呢？因为他们进行的是无效复盘。复盘分为有效复盘和无效复盘。那么如何做到有效复盘？我的总结是分享，用输出倒逼输入。最好采用固定节奏进行输出，这样可以让我们快速成长。要输出，就要保证输出质量，这就需要我们对要输出的内容不断进行思考总结，同时不断学习新知识，从而获得更多输入内容。另外，有输出就会有人看，有人看就会有反馈，通过他人的反馈可以验证我们对内容的思考是否正确、到位。

很多人会说，我没有值得分享的东西，我做的事情其他人都做过，怎么办？我见过一个毕业没多久就在二线城市做产品经理的职场新人。他通过分享工作中的各种事情，收获了很多粉丝，虽然他也受到了一些质疑，但也获得了很多正反馈。相信看这本书的大部分朋友的经历都要比他丰富，他可以，你为什么不可以？

那么我们应该分享什么？我给大家提供一些思路。

（1）**初期分享**：如果你是一位工作没多久的产品经理，那么你应该正在积累工作技能和产品功能方面的经验，这时候你的工作和思考都会集中在这部分，所以这部分内容可以成为你分享的重点。例如，刚刚开始从事电商工作的产品经理，可以分享电商领域常用的优惠券的功能怎么设计，其使用场景怎么确定等，还可以分享述职报告、需求评审等相关内容，这样可以帮助你沉淀工作方法。

（2）**长期分享**：当积累一定的产品经验之后，可以分享一些更加深入的思考，例如产品架构、商业模式，以及对一些新商业方向的观察等。当在职场上待很多年之后，也可以分享职场上的相关技能和对职场的感悟。

（3）**兴趣分享**：有些产品经理会有一些个人兴趣，会分享一些个人生活。这种比较生活化的文章通常阅读量会很高。

专业性的文章虽然有时候阅读量会很低，但是读者质量会很高，可以帮助我们连接一些有价值的人。通过和这些人交流可以开阔视野，给工作带来便利。例如遇到微信支付的问题，可以直接咨询相关的产品经理；对灵活用工有需求，可以直接联系相关的人脉资源。

把文章链接分享出去，可以帮助我们破圈，让我们跳出六度人脉的限制，通过互联网触达更多的人，而不用再受地理位置的限制。我和认识的很多朋友都受益于分享。注意，分享不能太功利，要抱着"不求回报"的初心去做这件事，这样反而会有更多收获。

突破认知局限，成长为一名出色的产品人

每个人在工作过程中都难免会陷入困惑，这样的困惑在整个工作过程会不止出现一次。比如对于大多数产品经理来说，在入行后不久，会焦虑如何做好产品经理这份工作；逐步掌握产品经

理的工作技能后，虽然处理需求已经游刃有余，但因为时间磨平了之前的热情，往往又会开始对未来产生焦虑。

很多产品经理认为自己的工作就是设计一些功能，以满足运营的需求。这是一种狭隘的认知，若是产品经理不能突破这种局限，长期停留在这种认知之中，就会不断做一些重复性的工作，虽然看似很忙碌，但是对其自身的提升没有任何帮助。迷茫、丧失热情的情况自然就会出现。

另外，产品经理在互联网公司算是一个核心岗位，产品经理和研发、运营的人员数量比例会在 1:5 到 1:10 之间，但是很多公司的产品经理都是和业务部门绑定在一起的，这些公司不会为产品经理专门开辟一个部门。这会带来什么问题？产品经理的职业上升路径非常窄。所以我们看到其他岗位的从业者工作几年后有很大可能成为领导，但大部分产品经理工作几年之后还是产品经理，只不过在"产品经理"这个头衔前加了一些修饰词，比如高级、资深、专家，但这并不能改变扁平化的实质。据我的了解，在职场上获得成功的产品经理比较少。要想获得成功，我们必须突破职业局限。

首先必须明确一点：产品经理的价值不在于系统设计，而在于帮助业务增长。但是对有 0 ~ 3 年工作经验的产品经理来说，还是应该把重点放在功能、系统设计上，因为这个阶段的产品经理必须提升基础能力。就拿我所在的电商行业来讲，我们需要掌握商品、订单、营销等基础系统的产品逻辑和设计方法，对于电商整体产品架构要有一定的认知。这些都是"术"层面的内容，在工作前期，我们学习成长的重点是做基础的系统经验积累。

到了一定阶段，我们的重点就要转为把这些"术"用好。大部分产品经理的基本技能都差不多，但为什么发展结果不一样？就是因为所在项目和工作的思维方式不同。产品经理负责的产品基本都是业务型产品，都是以商业化为目标，也就是实现业务增长。如何实现业务增长？这要求我们成长为了解业务模式和运营的"全才"。要想成为全才，最理想的方式是遇到一个快速增长、资本加持的好项目，然后你恰好处在合适的位置上，加上有一个愿意带你的领导，但这种概率低于万分之一。

快速成长为全才的常规方式是什么？我认为首先是拓展自己的信息通路。每个人都有自己的圈层，很多产品经理陷于产品圈、技术圈，信息获取的渠道单一，这会造成认知局限。拓展信息通路的方法很多，线上线下都不能忽视。例如运营圈、行业专家圈、投资圈等。大家要重点注意投资圈，因为一般来说，热钱流向哪个行业，哪个行业就会迎来繁荣。

信息通路有了，接下来就是获取信息、吸收信息的过程。这要怎么做呢？我认为最高效的方式是聊天。

当然，图书中也可以获取相关的知识，但是图书限于形式，一般都注重体系化和完整性，这就会导致我们没办法把精髓从书本的众多信息中快速提炼出来。而与行业专家聊天可以快速抓到行业重点。根据我的经验，与四五个专家聊过之后，你就可以建立对行业的基础认知；和20个行业专家聊过之后，你也会成为专家。例如我刚做出海电商的时候，就花了大量的时间约人聊天，其中包括成功的亚马逊卖家、有海外生活经历的人、做过海外项目投资的VC，以及正在做海外产品的产品经理，聊了一圈之后，我就对出海电商这件事有了全面的认知。

那么如何才能快速找到这些人？这就得回到前面讲的内容

了——分享。这是一种有效的拓展信息通路的方法。

另外有一点要特别提醒大家：我们需要在因年龄过大而引发职业瓶颈之前，突破行业局限，拓展信息通路，走出产品领域，做个不一样的"杂家"。在其他行业其实仍可使用产品经理的能力模型，只要我们应用得当，把产品经理的工作技能和思维模型复用到其他行业，一样可以发展得很好。而进入新行业后，要快速打开局面，依然可使用上边介绍的方法，即打开信息通路→通过聊天获取知识→把"术"用好→拓展信息通路。

搭建高产出的产品团队

产品经理的工作从来都不是单打独斗，而是需要团队协作。例如我所在的电商行业，从用户端到业务中台，从业务中台到供应链，往往需要多个团队来支撑整个业务的发展。而其中的产品团队是所有工作的基础，产品团队是否给力，决定了公司的业务战略能否落地。

那么，如何搭建出一支高产的产品团队呢？我带过几个人的产品小团队，也带过几十个人的产品大团队。产品团队和其他团队有所不同，需要发挥每个人的主观能动性，这样才能有更高的产出。下面就来说说怎么才能得到一支高产的团队。

1. 团队搭建

对于团队搭建，我想分几种情况来说明。因为一支团队是围绕团队领导构建的，所以下面以不同类型的团队领导为切入点，介绍如何搭建高产团队。

1）内部升职（管理难度系数：1星）

由于团队是现成的，而且很稳定，而我们作为内部成长起来的老同事，对团队中的每个人的能力、性格、背景都有一定的了解，因此沟通起来更容易。另外，团队原有的管理模式已经形成，不需要做过多调整即可完成协同。产品部门和其他部门的日常协同也会较为顺利。

这种情况下构建团队是最简单的，就算要扩充团队，也会因为原有的团队文化可以快速同化新人，而不需要花太多时间在团队建设上。

2）外部空降（管理难度系数：3星）

对于外部空降到一个团队做领导这种情况，我们需要重点做好如下两件事情。

（1）找到团队的关键人物（业务骨干、团队"润滑剂"等），抓住每个人的核心需求。

（2）获取协作部门的认可，例如处理业务部门积压已久的重要需求，或者帮助业务部实现业绩增长。

做好这两件事情，团队基本就稳定了。

3）从0到1搭建团队（管理难度系数：5星）

从0到1搭建团队是最难的，为什么这么说呢？因为这需要经历3个难关。

第一个难关是招聘。21世纪什么最难找？人才。对于新团队来说，简历难寻、面试难约、入职信难接，有些项目开始了几个月,产品经理都没到位。这时候事项优先级最高的就是招聘,我曾经一周面试过 40 多个产品经理。

第二个难关是制度建设。例如与需求文档、周报、评审、业务部门协同等相关的规范,需要在内部建立统一的制度,这些制度必须符合业界的要求,满足自己团队的特性,制定之后还要不折不扣地执行下去。这一切说来容易,做来难。

第三个难关是发挥主动性。产品经理的考核一直是一个难题,因为产品经理的工作很难量化考核。在大家都是新人的情况下,如何让每个人主动发挥主观能动性,非常考验领导者的能力。

在组建和管理团队的过程中,需要注重梯队建设。一个团队全是新人,在管理和协同的过程中就会阻力重重,这时候更多是需要一些方法的快速落地。下面我们就来具体聊聊这方面的内容。

2. 统一标准

一般来说,产品经理都是非常有想法的人,自主性很强。要想把多个产品经理融合在一起,让大家高效协作,需要一些制度和统一工作模式。

(1) **工作原则**。前面已经讲过对产品经理工作原则的理解,我们需要统一产品经理的对外输出风格,用结果与产出导向、专业、及时反馈与同步、主观能动性、数据思维等原则,通过一些标准来约束大家,建立其他部门对产品团队的认可和统一共识。只有这样在推进事项的时候,才能顺利进行。

(2) **格式化**。要有一定格式化的动作,这主要围绕产品经理的工作日常来进行，总结下来，以下几个方面需要制定标准。

- ☐ **需求文档**：这是产品经理的基本产出。对于需求，我认为需要明确的是需求背景、需求目标、需求描述、数据评估等，这样才能有一个完整闭环。至于需求文档的形式，不同的产品有不同的习惯，团队领导需要统一大家的需求文档格式，保证对外的统一印象。
- ☐ **周会、周报**：要有固定的周会、周报，不要让其成为一种形式，而是需要产生实际价值。要将周会、周报作为一个信息同步、拉齐团队认知的窗口。
- ☐ **业务协同方式**：需求如何收集、信息如何同步、业务需求多久反馈、优先级如何定义等，这些都需要制定相应的标准或参考。
- ☐ **OKR**：定义月度、季度、年度的产品 OKR，让大家将精力聚焦在目标和成果上。定义产品部门的统一标准，不仅可以帮助产品和其他部门顺利进行协作，还可以在新人入职后快速对其进行同化，让他们快速进入工作状态。

3. 长期规划与确定性氛围

不论是新人还是资深员工，最可怕的不是不知道怎么做，而是不知道做什么。特别是产品经理这种脑力型工种，需要让其了解业务的长期规划，这样才能制定产品的长期规划。

我们需要给员工提供一些确定性。我们常说要拥抱变化，但是人类的本性就不喜欢变化，我们也不可能做到让工作没有变化，所以给团队成员营造不同时期的确定性氛围就显得特别重要了。什么是确定性氛围？其实就是制定长期规划，然后把长期规划刻进团队中每个人的脑子里，并告诉他们，在未来很长的一段时间内，这个规划都不会改变。

产品迭代以业务增长为核心，明确业务的长期规划，对于团队的长期目标管理、个人的团队管理会有很大的帮助。如果业务一变再变，没有任何业绩方面的反馈，久而久之，产品经理的信心就会瓦解，产品团队的整体动力也会受到打击。所以产品团队的领导者需要用确定性氛围来维护团队的"精气神"。

4. 一对一沟通

沟通不仅是产品与业务部门协作的利器，也是产品团队管理的利器。在固定周期内做好团队成员的一对一沟通，可以帮助我们了解团队成员的成长和诉求。

一对一沟通的核心是什么？少说多听。一对一沟通的内容可以包括如下几项。

- ❏ 最近的工作情况是什么样子的。
- ❏ 有哪些困难，需要什么帮助。
- ❏ 希望挑战的工作是什么。
- ❏ 成长的困惑是什么。

一对一沟通可以帮助我们了解每个成员的情况。管理是人与人之间的特殊交流，作为团队领导，应该把团队成员当成用户，了解用户的需求，然后针对用户的需求给出相应的解决方案，只有这样才能让团队整体获得更有效的收益。

5. 工作与生活的平衡

大家逐渐开始反感加班，一味让员工加班不再是合理的工作方式，用产出来驱动每个人的工作才是合理的。维持团队成员对于工作与生活的平衡，这样才能有更加高效的产出。

我给产品人的 5 个建议

产品经理是互联网公司的发动机，产品部门强，业务会好做很多。经过这么多年的观察和思考，下面我就针对如何成为一名优秀的产品经理，给出几点建议。

（1）结果与产出导向。
- 优先做有价值的事情，行动之前评估收益。
- 确认责任人后，需要反馈解决方案和完成时间。
- 反馈问题的同时要有解决方案。
- 强力推动，学会向上管理、横向拉通。
- 落地后跟踪收益，数据化结果。

（2）要保证足够专业化。
- 需求文档标准详细，无须过多补充。
- 需求评审清晰专业，减少重复工作。
- 项目进度高效推进，无延迟。
- 处理好部门间的需求与协同。

（3）及时反馈与同步。
- 以服务心态与业务部门进行配合。
- 做到事事有反馈，件件有结果。

❏ 预期管理，事情发生变化后要及时同步，重要事项要一对一沟通。

（4）有足够的主观能动性。

❏ 以 OKR 为导向。

❏ 做好长期规划。

❏ 主动寻求有价值的事情，主动找活干，而不是被动接活干。

❏ 出现问题后，要分清是业务本身的问题，还是你个人能力不足。

（5）要有数据思维。

❏ 量化投入与产出，用数据来描述。

❏ 以终为始，以结果为导向。

❏ 做策略性产品，而不是功能性产品。

做到以上 5 点，日积月累，我相信你一定可以成为优秀的产品经理。

最后，我想给出一个理想的产品经理发展路线：产品助理→产品经理→资深产品经理→产品总监→产品 VP → CEO。

正常来说，到了资深产品经理后就很难突破了，因为从资深产品经理到产品总监是从员工到管理者的突破，这个瓶颈 90% 的人无法突破，最后不得不考虑定位或转型的问题。

还有走产品专家路线，或者转型做运营、带业务线的，这两类转型难度较低，大家如果有机会，可以考虑。

我认为，产品经理这个职业的长期价值在于对思维方式和行事风格的影响，不论以后做什么行业，从事什么职业，上面列举的产品经理的工作原则都能给我们带来长期收益。

07

我从实践中总结的产品经理成长模型

——李宽

我叫李宽,现在(截至本书完稿时,2021年8月)做供应链相关产品,至今依然是一个打工人。我之前曾经在高德地图、百度地图、小米等公司工作过。

从工业设计到产品经理

2006年，我在河北农业大学现代科技学院——一个三本院校学习工业设计。后来经过努力，考研到了北京理工大学继续学习工业设计。在2013年研究生毕业之后，进入高德地图做C端产品，后来又到了百度，继续做地图相关的产品。在这段时间里，我像大部分初入职场的新人+北漂一样，充满了迷茫和自我否定，似乎未来充满了不确定性。在那段时间，对于自己是否适合做产品经理都打上了一个沉重的问号。

2016年的时候，因为一个偶然的机会我加入了小米，开始从事B端产品的工作，主要负责小米物流系统，比如TMS、WMS、BMS等系统，经历了很多从0到1的系统搭建。在这期间，我出版了我的第一本书《B端产品经理必修课》（后来升级为《B端产品经理必修课2.0》）。这本书的出版既是我人生的转折点，又是我对产品经理这一职业认知的升级，让我找准了职业航标——以B端领域为切入点，持续精进我的产品经理之路。

《B端产品经理必修课》出版时，恰好赶上B端领域的兴起。我这本书借着风口得到了不错的销量，我也因此被出版社评为"年度优秀作者"。借助这本书，我出席了一些论坛，做过多次产品经理相关的主题演讲。

2020年的时候，我从小米离开，到了一家做供应链产品的公司，参与了很多为企业搭建供应链系统的项目。在这次择业中，我从一名面向企业内部的B端产品经理，转变成为面向市场的B端产品经理。这一转变丰富和健全了我对B端产品经理的工作认知，让我对自己的职业生涯规划有了全新的思考，本文就是我对这些思考的分享。

如果你还有什么问题想继续跟我沟通，请关注我的公众号"李宽 wideplum"。在那里，我会每天分享产品相关的知识，其中还有我个人的联系方式，你可以加我好友，跟我做进一步沟通。当然你也可以通过邮箱（wideplum@163.com）联系我。

我的产品生涯低谷

《创业史》的作者柳青说过："人生的道路虽然漫长，但紧要处常常只有几步，特别是当人年轻的时候。"我是非常认可这句话的。回顾我的经历，目前有两个改变我人生走向的重要时刻，我称之为我人生中重要的"两落两起"——第一次"落起"是 2006 年高考失败和 2010 年考研成功，第二次"落起"是 2016 年离京失败和 2016 年职场转折。这两次重要的人生"落起"，修正了我的人生轨迹，调整了我的职业规划，让我最终找到了适合自己的职业——产品经理。

接下来，我会通过"两落两起"的经历详细介绍我做决策、做规划的背景和思路。我会用看待历史的眼光来看待我设计产品经理之路的全过程。

用看待历史的眼光看待过去，这是我要分享给大家的第一条经验。当我们学习和研究一款产品的时候，要具有历史的眼光。也就是说，我们既要弄清楚它现在是什么样子，也要弄清楚它经历了哪些阶段，并且在每个阶段都做了什么事情。如果我们要借鉴这个产品发展之路，就要看看自己要从哪个阶段开始模仿，这样才可以实现"穿别人的鞋，走自己的路"。

好了，那我就先讲一下我的第一次"落起"，让你先了解一下进入职场"练级"前，我都具备了哪些"装备"和"属性"。

1. 我人生中的第一次"落起"

社会上对三本的歧视或者偏见肯定存在，而且很难被消除。所以，在2006年考入三本院校后，我觉得人生进入了低谷。下面就来说说我从这第一次"落起"中获得了哪些经验。

第1条经验：无法改变的东西，如果也无法摆脱，那就与它共存。

在十多年前，三本意味着一年1万元的学费。给人的感觉，三本就是拿钱堆出来的学历。当时的我，不得不直视对"三本"的歧视。比如，当时一些国企在招聘启事上明确写着："需要具备本科（非三本）及以上学历"。这就是当时，三本学生需要面对的冷冰冰的现状。

每个三本人的后背上都会被刻上一些自己无法察觉，但是别人总会第一时间发现的符号。歧视或者偏见，就在那里，绕不过去，也躲不开。既然无法摆脱，那就与它共存。想通了这个道理之后，我选择了接受，然后就不再纠结这个问题，而是想着如何突破，如何让自己变得强大。《黑暗骑士》中有一句台词"凡是杀不死我的，都会让我更加强大"，这恰好是我当时的写照。

其实不仅是三本和二本之间会产生这种歧视或偏见，专科和本科之间、普通高校与重点高校之间、重点高校与名牌高校之间、小公司职员与大厂职员之间……都有这种问题，这些问题有些可以改变，有些无法改变，对于那些无法改变的，都必须学会与之共存。

第 2 条经验：在有限的条件下，尽量做到最好。

我认为自己是一个追求上进的人，就算是不怎么成功的高考，我也付出了最大努力。所以，进入三本后我给自己定了一个目标：尽最大的努力，学好大学中的每一门课程。于是，我拿出了高考前学习的状态，把业余时间都用在了学习上。现在回头来看，这是我在大学阶段做过的最正确的决定。这样做的直接好处是，我的大学阶段没有挂科之忧，而且拿全了能拿到的所有荣誉。长远的好处是，这为我后来的职业发展奠定了基础。

但是，无论学得多好，三本依然是三本，为了弥补学历上的不足，我决定考研。

第 3 条经验：把伤疤变成一个宝贵的"错题本"。

我是从大二下学期开始准备考研的，应该算是非常早了。笨鸟先飞没问题，但是也不能漫无目的，而且考研也是非常难的，要是没有好的方法，就算起飞很早依然不能保证成功，所以我决定先总结高考失败的原因和教训。

我一共总结出如下几个问题。

（1）**存在明显的学科短板**。比如英语，我高中时英语实在是太差了，高考分数仅接近及格而已，而考研英语又是出了名的难。所以，我需要重点补全英语的短板。

（2）**高考复习没有计划和节奏**。高考复习阶段的我，虽然每天都扎在书本里，但是没有针对性，也没有目的性，导致每天都很忙碌，但是效率不高。决定考研后，我查看了一些考研的经验分享帖，据此制定了考研完整计划，然后把完整计划细化到每一天，规划好每天的学习时间，并认真执行。

学习不是无限的消耗战,而是有节奏的运动战,所以不是用的时间越多越好,而是要有自己的节奏。例如,当时很多考研的学生都会在自习室学到大半夜,我却一直没随波逐流。我认为这样的节奏不适合我,白天复习对我来说更合适,我只要保证学习足够高效,与晚上继续进行消耗战相比,我取得的效果反而更好。

(3) **强健的体魄是所有的基础**。身体是一切的本钱,对考研来说也是如此。考研和高考一样都是一场长期的战斗,要想具有持久的战斗力,有一个健康的身体是必需的,对我这个从大二就开始准备的人来说更是如此。所以从考研复习开始,我每天都抽出半个小时去操场跑步。

第4条经验:人生,需要积累一笔回忆起来令人落泪的财富。

十多年前,央视有一档我非常喜欢的创业励志节目——《赢在中国》。在这档节目中,马云、俞敏洪等创业大佬的创业金句,常常被人津津乐道。这些激动人心的句子也不断激励着我,使我在考研复习过程中能一直坚持着。

俞敏洪那个时候说过一句话,大意是"人生需要一笔精神财富,每当回忆起来的时候,都会感动落泪"。什么是"感动落泪"?我的理解是,之前为获取那笔精神财富而努力拼搏的自己,可以把后来的自己感动到流泪。现在回想起考研的经历,无疑就是我人生中一笔这样的财富。

在考研这个大目标下,当时我放弃了很多,包括很多人都看中的面子,那时的我明显脸皮变厚了。比如,我曾追着本科老师请教问题,而且往往都不止一个问题,也追了不止一次。就因为如此,我和那位老师接触的时间要比其他学生长很多,所以我们关系也近了很多，至今我和那位老师还保持着联系。

我还曾厚着脸皮给大学英语老师打电话，请她帮助我修改考研英语练习作文。这在大学期间是很少见的，以前的我也不会这么做。

第 5 条经验：手拿烂牌，也别轻易下牌桌。

人生的道路很漫长，我们可以输在过去，但是不要输在当下。要知道，花开花谢，月盈月亏，潮起潮落，不圆满是一种常态。接受了不圆满，并不断为圆满奋斗，总有一天会否极泰来。所以这里我真诚建议大家：手拿烂牌，也别轻易下牌桌。只要还能出牌和洗牌，就会有翻盘的机会。

就如上文中的我，没有被三本的符号打败，而是坦然与之共存，然后通过考研对我身上的这个符号进行重新定义。

2. 工作的前三年：我是否适合做产品经理？

考研到了北京理工大学，来到北京，让我见到了更大的世界，也有了更多选择的机会。因为设计领域也是很广的一个领域，所以当时的我就想能不能在设计领域找到一个更细化的而且是我感兴趣的方向，然后在这个细分方向进行更深入的研究和发展。于是，我开始研究"设计管理"。在对设计管理进行调研的过程中，我接触到"产品经理"这个职位。后来通过与校友、学长交流，才知道互联网是一个非常火的行业，而产品经理是互联网公司中一个重要的岗位。于是开启了我和产品经理的故事。下面就来说说我与产品经理的故事。

1）平淡的实习

2010 年到 2013 年是传统互联网向移动互联网转型的阶段。那个时候，微信、小米、3Q 大战、百团大战、百度、乔布斯等都是新闻的热词。北京是中国互联网行业风口高发区。在互联网行业大风刮来刮去的过程中，我的心也随之放飞了。之后，我先后到了联想、酷我音乐盒、24 券（一家已经消失的团购网站）、新浪进行实习。其中，在后两家公司是产品经理岗位的实习生。

不过，这些实习经历除了帮助我了解了互联网公司的工作环境，以及一些产品经理的基础技能（比如写文档、画原型图）外，没有其他特殊的东西沉淀下来。

2）初入职场的那三年

2013 年，我研究生毕业了。我跟大部分在北京毕业的外地学生一样，都想拿到北京户口，然后留在这里。为了增加拿到户口的概率，我去面试电信运营商、国企、研究所等单位，无一幸免，在笔试环节就败下阵来。

户口最终无望了。我成为一个名副其实的"北漂"。户口就像慢性病，当忙起来的时候，你会忘记它的苦痛。但是，它总是时不时地出现，宣布它永久存在。户口的问题成为我人生第二次"落起"的关键诱因。

互联网行业还是我求职的主要战场。当时，周围人拿到了百度、腾讯等大厂的入职信，而我却是颗粒无收。整个求职的过程都令我十分焦躁。幸运的是，在同学的推荐下，我拿到了高德地图的产品经理职位。不管如何，我至少有了工作，还能继续在北京拼搏下去。

我真正的产品经理职业生涯其实是在高德起步的,那时候工作并不顺利,这主要体现在如下的几个方面。

- **初入职场无人带**。我刚进入职场,老员工都在忙自己的项目,没有名义上的导师来带我。当时,我也没有意识到这种情况的危险性,反而为自己可以清闲一些而高兴。这就让我进退失据,无法梳理出自己的产品经理发展路径。

- **一直在做边缘化的工作**。在高德的时候,起初我负责移动网页地图、高德地图 App 的官方下载网站改版、App 端公交设施详情页的优化,以及测距小工具等相关工作。我做的这些工作都在围绕着高德核心业务打圈。我做这些事情时,无法体会到工作的意义,再加上初入职场的人常会有的心浮气躁,导致我无法在工作上取得令人满意的成绩,这就会进一步加深我"现在的工作没有价值"的想法,形成恶性循环。

- **做产品找不到方法**。我入行的前三年做的都是 C 端产品。当时的我对产品经理工作的认识主要来自读书和实习。对于 C 端产品,每个人都可以从自己的实际生活体验出发,说出这个功能应该怎么设计。这就让我觉得,好的产品实际上属于"玄学"的范畴,它来自天才产品经理的顿悟,而这种顿悟与我这个平庸的产品经理无缘。

2015 年的时候,我从高德地图离开,跳槽去了百度地图。当时,百度正在专注做 O2O,重点发展的是糯米的业务线。

百度肯定是名副其实的大厂(我刚加入高德时,阿里还没有收购高德),在百度让我见识到了大厂的工作风格。我在百度,只是一颗专注于某个业务细节的螺丝钉。我在百度不到1年,但所属团队却变了3次。我没想到大厂业务方向调整如此频繁。甚至有一次,因为组织架构调整,我所在业务线被暂停,团队被全部打散,我的大部分同事被调入其他的业务线。当时,组内就剩我和另外一个同事,那时的我每天没有具体的工作,基本就是上下班打卡。我戏称百度给我放了一个"暑假"。

看着周围的人忙得热火朝天,我内心其实是很慌的。于是,我主动申请,调岗到了其他业务线,在百度地图做与O2O相关的事情。但是,这个业务线的方向也是很不明朗,最后又被拆分了,然后这个团队又变成了两个人,我还是其中之一。

回想这三年的职业生涯,唯一的感觉就是"混乱",所以我一咬牙,一跺脚,决定逃离北京,结束"北漂"生活。这就触发了我人生中的第二次危机,引发了我人生的第二次"落起"。

3. 我人生中的第二次"落起"

在2016年年初,我计划去杭州发展。我是河北人,一个地地道道的北方人,做出这样的决定并不容易。我之所以做出这样的规划,是由几个关键因素决定的。

(1)在杭州可以继续从事互联网相关工作,这样我在杭州落脚的难度不会很大。虽然,我之前的产品经理职业生涯非常混乱,但我还是能够靠它混口饭吃的。

(2)在我看来,杭州相对于北京来说,压力会小一些,至少不用因为户口这件事让我人糟心。

（3）前女友的期望，这可能是压倒我的最后一个杠铃。

　　于是，我在2016年的元旦期间，请假去杭州面试工作。我想借此机会提前熟悉一下杭州的环境，另外也看一下自己能够做什么样的工作。在面试过程中，我遇到了两位互联网的大咖，一个是刘飞，一个是Fenng。在Fenng面试我的时候，他提到了一个信息。他想招一些做后端的产品经理，而现在很多产品经理都是做前端的。这次面试获得的信息就像一颗种子一样，悄无声息地种在了我的心中，只需要一个恰当的机会就会生根发芽。没想到的是，这个发芽的时刻很快就到来了。

　　2016年2月1日，我从百度离职了。同时，我退掉了在北京租的房子，收拾好行李回家过年。过完年之后，也就是2016年2月13日，我和女朋友一起来到了杭州。当时，我拒绝了一个互联网医疗的入职机会，安心等待新浪的入职机会。在我还在等待新浪的入职机会时，突然一朵乌云出现在我的感情世界——女朋友和我提出分手。那是2016年2月28日。这一刻让我彻底认清了现实，是时候结束这荒诞的一切了。这一天是我的生日，我应该感谢老天给我的"礼物"。

　　入职信还没拿到，女朋友和我分手了，这时我必须做一个抉择：去还是留？我当时打了很多电话，咨询了很多朋友，想听听他们的意见。有说留在杭州的，有说回到北京的。我思来想去，来到杭州是为了一份感情，既然感情没有了，那我不如回到北京，毕竟我在北京还是有一些资源积累的。

　　2016年3月3日，我坐上火车从杭州回到了北京。一个月前，我轰轰烈烈地离开了这里，一个月后又灰溜溜地回来了，现实"啪啪啪"地打着我的脸，没想到我成为一个地地道道的"小丑"。好在同学收留了我，我暂时居住在他租的房子里。接下来就是重新找工作了。

我想尽快找到一份工作，然后再尽快租好房子。但是，又怕选择工作过于草率，重走走前三年的老路。我调动了一切可以调动的资源来找工作。事实证明，通过朋友内推简历是最高效的求职手段。之前认识的小米的朋友帮着我内推了一份简历，然后就获得了面试机会。

我对这次的面试机会还是比较珍惜的。从某种意义上说，我算是一个米粉，所以小米也是我向往的企业之一。我在小米面试了一下午，最后面到了部门的大老板。完成面试之后，我觉得这份工作应该是稳了。当然，在最终的入职信没有发出之前，我内心终归还是有一些忐忑的。

在2016年3月16日，我约了中介在小米公司附近找房子。那天下午，我在星巴克休息，等着中介带我去看房子。这个时候，一个电话打了过来，我心头一震，赶紧接起电话。打来电话的是小米的人事经理，他跟我聊了待遇情况，并问我是否满意。这时的我，眼睛已经湿润了。

我把我入职小米的时间选在了2016年3月21日，寓意是"321，重新开始"。

2016年3月21日，我正式入职小米。从这一刻起，我产品经理的职业生涯进入第二阶段——B端产品经理，我的生活也进入新的阶段。6个月后，我认识了我的老婆。2年后，我们结婚了。

最后，分享一个我面试小米的技巧。在我当时的简历中，三年换了两份工作,这并不是很好的信息。但是,我从另一方面组织了话术。我对面试官说:"虽然我在三年里换了两份工作,但是我一直聚焦在地图领域,因为百度和高德是当时国内地图做得最好的。我从高德出来加入百度,是想了解百度地图是怎么工作的。"虽然我在三年换了两份工作,但是我的职业规划的脉络是清晰的。所以,从职业规划的角度解释频繁换工作,是一个不错的思路。

助我走出低谷的 4 个产品经理成长模型

进入小米,开始做 B 端产品经理,这对我来说是一个全新的开始。从 2016 年到现在(本书完稿时),我一直专注于 B 端产品,也取得了一些成绩。我把我的成长经历总结为几个模型,我觉得这几个模型会对很多产品经理有借鉴作用,所以下面就来分享我总结的这几个模型。

1. 积累模型:量变引起质变

前文提到过,在我工作的前三年,我在产品经理领域做着无规则的布朗运动,做产品时我也是一顿胡乱操作。为了改善这样的情况,我进入小米后做了一件最简单,但是收益非常显著的事情——读书。通过大量阅读催发我在产品方面认知的飞跃。

在 2016 年,我一共读了 81 本书,平均 4.5 天读一本书。我涉猎的范围非常广泛,不仅包括产品经理和互联网相关的书籍,还包括科普、社会、心理等方面的著作。

经常有人问我,学习产品经理,要读哪些书?其实,读哪些书不重要,重要的是掌握读书的方法。我把书分为两种:一种是能赚钱的书,另一种是不能赚钱的书。

像小说、科普、心理学这种题材的书,一般都有完整的逻辑线或时间线,需要一页一页按顺序读下去,而且书中的内容不一定能转化为职业技能。所以这类书属于不能赚钱的书,可以慢慢读,但一定要读完。

而像互联网类、技术类、产品经理类等职业技能书,都属于能赚钱的书。这些书本身就有很明晰的框架。你可以把这类书当成答案之书,有问题的时候就来这里找答案。所以,对于这类书,要带着问题去阅读,在找到答案之后,即可停止阅读。

那么,如何快速从书中定位到问题的答案呢?这就需要你做到如下两点。

(1)**提升阅读速度**。如果你还没有养成阅读习惯,那么你的阅读速度一定有问题。此时,你可以先找一类你喜欢的书籍开始阅读,逐渐增加阅读量,阅读量上去了,阅读速度也就上去了。

(2)**阅读同一领域的书籍**。在一段时间内,只阅读同一领域的书籍,这可以让你快速了解这一领域的知识体系。形成稳定的知识体系后,你就可以快速根据问题定位到答案了。

2. 技能模型:建立产品管理框架

在进行面试或者职位描述的时候,产品经理要有自己的方法论。比如,在面试的时候被面试官问及"你是怎么做产品的?"对于这个问题,貌似很容易回答。因为很多的关键词会浮现在我们的脑海中,比如用户调研、竞品分析、交互设计、原型设计等,但是这些又仿佛不是正确答案。

我在 2016 年的时候,也在思考这个问题。直到 2017 年的时候,我通过了项目管理的 PMP 考试,PMP 的知识体系给了我极大的启发。我们如果想了解产品经理是什么,应该学习一些与产品管理相关的知识。产品管理就属于产品经理的方法论。

那么什么是产品管理?在产品生命周期中的不同阶段,产品经理需要采取一系列的措施、手段和方法,让产品能够在对应的阶段内生存和发展,这一系列的措施、手段和方法就是产品管理。通俗一点说,产品管理就是产品经理为给客户、用户、企业创造价值,在产品上所做的一系列活动。分析市场、制定产品路线图、撰写产品需求文档等都在产品管理范围内。

产品管理是一个非常重要的思考产品的框架。在国外,产品经理领域中的产品管理是一种很重要的通识知识。使用产品管理来思考产品,可以避免仅思考交互、界面等产品工作中的某一环的问题。产品经理可以通过产品管理来思考整个产品。

产品管理可以用来指导产品经理一步步做出产品。通过产品管理不一定能保证做出最厉害的产品,但是一定会帮助产品经理减少在做产品过程中出现重大失误。

产品管理包含两部分——正确打造产品和打造正确的产品(见下图)。正确打造产品是指产品经理及相关团队按照正确的流程和顺序,成功打造出一款产品;打造正确的产品是指产品经理及相关团队打造出符合客户需求和市场需求并能创造价值的产品。

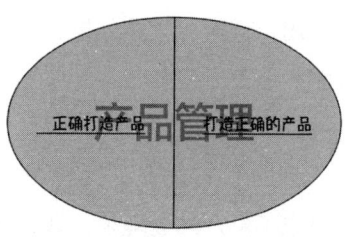

开始的时候,我的产品管理的核心是"单个产品管理流程",但是在撰写《B端产品经理必修课》时,我结合B端产品工作经验,将其升级为"B端产品管理"(见下图)。使用"B端产品管理"这个名字,是为了进一步明确和强化产品管理对B端产品经理的重要性。

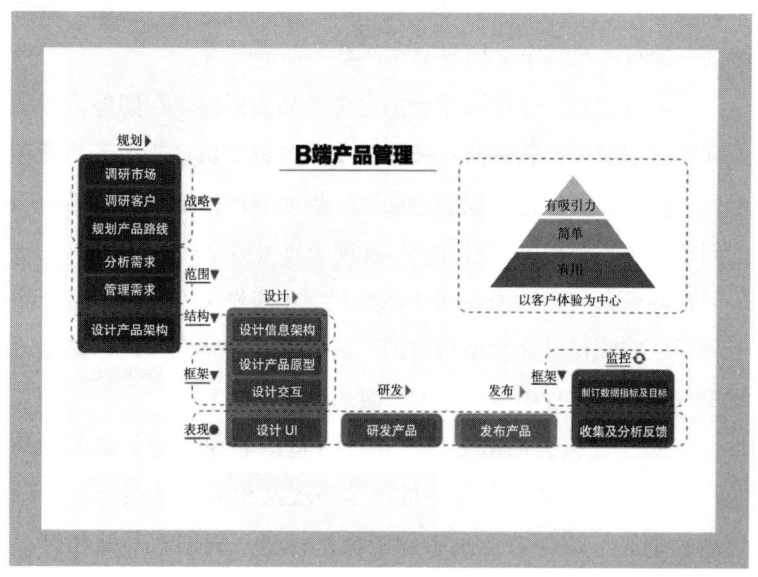

B端产品管理涉及软件工程、用户体验和客户体验等相关知识。

综上，在产品经理的职业生涯中，要建立属于自己的产品管理知识框架。有了知识框架，我们的产品经理职业生涯才会有明确发展方向。

3. 认知模型：以点带面，建立框架，思考本质

在小米做产品经理，特别是做 B 端产品经理时，经常会遇到陌生和复杂的业务场景和需求，也会遇到陌生的知识。遇到这些问题时，需要做到无师自通，自己探索出正确的答案。在这种状况下，我总结出一套认知模型（见下图）：以点带面，建立框架，思考本质。下面以产品经理是否需要懂技术这个问题为例对这个模型进行介绍。

在 2019 年的时候，我作为一名工业设计出身的产品经理，在没有技术背景的情况下，投身到 B 端产品经理的工作中，感觉不懂技术是我的劣势，是我职业发展的绊脚石。我甚至想过是不是应该报个培训班，学习一下编程。好在上大学时，我学过 C 语言，也了解过一些 Java 的知识，我预感解决这个问题的方法不

在于是否学习编程。也就是说，对于我的工作状态和职业规划来说，应该懂的技术不是如何上手写代码。

我认为，弄清楚"从产品文档到最终形成让用户使用的产品，这之中到底经历了什么"才是关键。于是，我开始阅读各种与软件开发相关的图书。这就需要用到第一个模型——积累模型。通过大量阅读，我逐渐建立了对这个问题的认知，逐渐找到了这个问题的答案。

我在重新阅读《大象——Thinking in UML》这本书时，彻底明白了产品经理并不是必须要懂技术。最初读这本书时，认为它只是讲怎么使用 UML 工具的书。这次带着问题再读这本书，有了醍醐灌顶的效果。这本书没有一行代码，但是它用图形的方式讲清楚了软件是怎么一步步产生的，让我这种没有技术背景的人，也能掌握相关专业知识。由此我得出结论：对于我来说，懂技术只是锦上添花，因为产品经理的核心价值并不在于懂技术，而在于对需求、战略、架构等层面的思考。我弄清楚了产品经理每一步的输出物，每个输出物会对后面的研发环节带来什么样的影响。也就是说我建立了软件开发流程框架，通过这个框架我知道了自己扮演的角色是什么、我可以做什么、研发的角色是什么么、研发可以做什么。以后，再遇到这个框架里的问题，我就会按照这个框架的脉络去寻找答案。

我们来回顾一下这个模型的构建过程。

- **以点带面**：当我要解决产品经理是否应该懂技术的问题时，选择研究软件是怎么一步步做出来的。
- **建立框架**：通过再次阅读《大象——Thinking in UML》这本书，理解并建立了思考、分析、研发软件的框架。

❑ **思考本质**：我最终认识到，产品经理的核心价值并不在于懂技术，而在于对需求、战略、架构等层面的思考。

这个认知模型的关键落脚点是思考本质。下面举例说明如何使用这个模型。曾经有产品经理问我：怎么学习 UML 的知识？下面就用这个模型回答这个问题。

大部分人学习 UML，主要目的是更好地写产品文档、结构化表达产品思路，或者方便与研发人员沟通。所以，没有技术背景的产品经理看到 UML 包含流程图、用例图等工具，就认为这是产品经理的必杀技，从此误入歧途。

产品经理学习 UML 没有问题，但是要明白 UML 的本质是什么。只有这样才能更好地理解这个工具。了解一个事务的本质，可以从了解它的历史开始。

UML 是 Unified Modeling Language 的简称，是统一建模语言。它是一个标准，主要用于为现实世界中的软件系统创建面向对象的、有意义的文档模型。它提供了一种开发丰富模型的方法，这些模型可用于描述了软件/硬件系统的工作。

说得再直白点，UML 是用画图的方式来表示代码是怎么一步步写出来的。所以，UML 中各种工具的使用者是程序员。UML 中的每个图，都可以帮程序员从宏观到微观分析需求和技术架构。我们看到的每一行代码，都可以对应为 UML 中的工具。

另外，要关注的是，UML 背后的核心理论是面向对象编程。关于面向对象编程的知识，可以百度一下，网络上有很多相关的文章。弄懂什么是"面向对象"是弄懂 UML 的关键。

通过以上分析可知，产品经理通过 UML 可以建立一种意识，懂技术不等于要会写代码，产品经理更应该掌握用 UML 进行分析、思考和设计的过程。这比懂得"如何使用 UML 进行建模"这个技术知识点更重要。

所以，在我们认知新事物的时候，可以尝试使用这个认知模型。

4. 职业模型：商业化是产品经理的成人礼

"商业化是产品经理的成人礼。"在小米的时候，这句话给我留下了深刻印象。这是一位小米商业化的负责人给我们做内部分享时说的，这也是他要求产品经理必须铭记的一句话。产品只有投放到市场中，可以进行价值交换了，才可以称之为产品，才能体现产品的价值。

在 2016 年到 2020 年之间，我在小米做 B 端产品经理。如果再进行细分的话，我做的是企业内部的后台系统。使用我的产品的客户是小米内部的物流运营人员。他们使用我负责的产品（如 WMS、TMS、BMS 等）来运营小米的物流业务。所以，我负责的产品实际是远离商业化的。

远离了市场的检验，实际上会使我的产品能力"先天不足，后天畸形"。于是，这句话触发了我对职业生涯的新思考，也触发了我对职业选择的新决定。我在 2020 年的时候，决定离开小米，为我的 B 端产品之路开启一个新的起点。

我找新工作的思路很明确，就是要找一份面向市场的 B 端产品经理工作。面向市场的 B 端产品经理工作可以细分为 SaaS 产品经理和传统的软件行业的产品经理。对于我来说，会优先选择 SaaS 行业，因为这是面向市场的 B 端产品领域最火的行业。

在业务上，我优先选择供应链方面的工作。因为 B 端产品比较提倡深耕，我也希望自己将来成为某个领域的专家，所以我要延续之前的大方向。

基于上面的思考，我选择了一家做供应链 SaaS 的公司，从事面向市场的 B 端产品经理工作。在这份新的工作中，我见识到了很多市场上有供应链信息化需求的企业客户，也深入理解了这个行业商业化的痛点和难点。

这次求职过程，让我从商业化角度更明确了 B 端产品经理的职业规划。在市场环境中，B 端产品实际上存在着甲方和乙方。我在小米工作的时候，做的是内部系统，我所在团队是企业中的一个部门，话语权较大，实际上做的是甲方相关的业务。而我从小米出来之后，步入市场，变成了乙方。在商业化的环境中，我会更关注一个功能的投入产出比。因为有了 B 端产品甲方和乙方的双重经验，让我对 B 端产品的理解更为全面，也更为透彻了。

我给产品人的 3 个建议

下面是我为产品经理准备的一些建议。因为我在找工作方面进行过深入思考，几次换工作也让我有了相应的实践经验，所以这里仅就找工作展开。

1. 如何选就职机会

先聊一聊选就职机会的方法。

我个人认为，选择就职机会最重要的一个原则是新职位是否解决了你换工作最想解决的问题。一个人会换工作，往往都是因为在工作中遇到了问题，比如挣得太少、离家太远、加班太多、对现在的工作内容不感兴趣等。换工作就是为了解决遇到的问题。若是问题很多，那就要找出其中的核心问题。下一份工作能解决你遇到的最核心的问题，那这就是一个好的就职机会。

需要提醒大家的是，不要把换工作想得太完美，要面对现实，没有哪一份工作能够解决你遇到的所有问题。所以，别贪心。抱残守缺，才是人生的常态。

新工作背后会隐藏很多未知的信息，比如与合作伙伴间的协作是否顺畅、团队风格你是否能适应、新业务线未来是否有发展……这些未知的信息会带来未知的恐惧。这时就要评估，与你获得的已知的好处相比，未知信息可能带来的最坏结果，哪个你更在乎。若是最坏的结果你可以接受，那就代表你能承担这样的风险，那就大胆选择这份新工作。若是不能接受，那就需要考虑是否要离职或者继续找其他工作了。

2. 如何聊薪资

若是你已决定接受某个入职机会，就需要跟 HR 聊薪资了，这也是有技巧的。因为已经拿到了入职机会，所以可以直接找 HR 沟通。因为，在已发入职信的状态下，HR 的目标肯定是让候选人接受入职机会并入职。如果想提升薪资，需要注意以下几个方面。

- 对面试的效果有个基本预估。比如，你自己能够感知到这家公司的面试官对你很满意，他们对邀请你加入有强烈意愿，此时就可要求更高薪酬。

- 你有争取高薪资的资本，这类资本包括但不限于：其他有竞争力的入职机会、和应聘职位的匹配度，以及你具有的出色的职业能力等。
- 跟 HR 沟通时要简单明了，并且提供给 HR 一些可以给你争取高薪资的理由。这些理由也是 HR 跟负责薪资的部门为你争取的理由。
- 要有风险意识。比如，若是 HR 不是很专业，那么他为你争取高薪资的结果很有可能是你被放弃。
- 要有底线思维。争取高薪资，切忌贪心。给自己设置一个预期价位，到了这个价位就要接受。如果漫天要价，会给双方带来阴影。

3. 要遵守职场规则

接下来谈一谈公司定薪的本质。

入职的时候，公司都会为你制定职级。职级会对应一定职务。职务涉及具体做的事情和责任范围，而职级是和待遇紧密挂钩的。大部分有正常人力资源管理规则的公司，都会把职级和薪资待遇挂钩，从而得到每个人的薪资包。比如初级职位，某公司给出的薪资包是 20 万元 ~ 25 万元（薪资包一般是一个区间）。

HR 在制定薪资待遇的时候，会根据面试官的建议和跟候选人的沟通评定职级。然后在薪资包的区间上选一个薪酬档给候选人。

公司为什么要这样操作呢？这其实是一种管理理念。

一般来说，候选人在入职后 1 到 2 年才会被提升职级。为了给候选人预留薪资调整空间，大多公司会在候选人入职时给他一个中间价位的薪资。通过调整薪资，逐渐让候选人达到薪资包的最大价格。这样做可让候选人有获得感和目标感，让他觉得自己的付出得到了回报。

如果在聊薪资的阶段，候选人要求太高的薪资，那么HR只能向薪资包的最大价位靠近。对于候选人来说，这压缩甚至清除了公司给他涨薪的空间，这会让候选人的稳定性大打折扣。

按照公司的规划，一个打工人提升待遇的最好方式是不断地提升自己的职级，扩大自己的薪资包。站在公司管理的角度，设置这么一套升级打怪的体系，不仅能让打工人不断输出，还能提高其稳定性。这就像玩游戏一样，游戏要具有一定挑战性和层级感。工作中的职级，就是我们在职场游戏中的层级体现。

打工人也不能简单成为职场游戏中的NPC，而是要建立一套属于自己的价值评价体系。这套评价体系要能帮你对自己的能力和价值进行准确评价。

说白了，作为打工人，要尊重职场游戏的规则，毕竟我们还要依此穿衣吃饭，所以我们可以成为一个NPC，但是我们必须是一个有自我行为规则和评价标准的NPC。当我们认为这家企业的游戏规则不适合自己时，我们就会选择离开，加入其他企业。

08

低学历产品经理的向上突破：学历低照样进大厂

——猪哥

我是猪哥，退伍军人、前人马科技联合创始人兼项目总监、前源众科技合伙人兼产品总监，曾为某 4000 人规模大型公司中台高级产品经理，现某老牌跨境公司 B 端高级产品经理，多家业内网站专栏作者。创业期间，协办过多届"中国创新创业领袖峰会"，2 年所接触的项目达 1000 多个，平均一天看 2.7 个项目，亲自带队从 0 到 1 完成并交付项目 15 个。业余时间运营公众号"刻意练习产品思维"。作为一个自律狂魔，我坚持与 3 万粉丝在社群里每天讨论产品话题，提升彼此的产品思维。2 年如一日，雷打不动，我与粉丝约定一起至少坚持 10 年。

低学历者的无奈瞬间

2021 年 7 月 8 日从 03:10 到 05:15，为了想清楚这篇文章为谁而写，我在床上辗转难眠。后来突然想到，既然是写我的故事，那么我的故事对谁更有影响呢？自然是那些与我情况类似的小伙伴。想通这一点，我兴奋得更睡不着了。既然睡不着，那就干脆起床动笔吧！于是我默默打开冰箱，吃了一小块巧克力，补充一些能量，避免让饥饿打断我的思路。

我要为低学历的产品人发声！我希望通过这篇文章写出部分人的心声，通过分享我的真实经历、我总结的经验，帮大家早日走出困境。

1. 学历是职场敲门砖

现在打开各大招聘网站，可以看到产品经理的招聘信息中 80% 都要求本科及以上学历，尤其是大公司。而那些专科毕业，喜欢产品经理岗位，想做产品经理的人，别说面试大厂了，就连面试中小公司都没机会。他们入门难，入门之后晋升更难，他们既自卑又迷茫。难道低学历者在产品领域就没有出路了吗？他们到底该何去何从呢？

他们也想生活得更加精彩，但却不知路在何方。有没有什么可借鉴的发展路径呢？刚好我就是这类人，在 7 年的时间里，我有过一些失败和成功的尝试，下面分享给大家。

- ❑ 高考复读，第一年考了二本，结果第二年考成大专，迷之自信。

- 考军校，虽超过录取分数线，结果依然落榜，黯然退伍，迷之无奈。
- 创业2次，公司规模从0发展到30人，结果满盘皆输，迷之无知无畏。
- 尝试写作，受领导鼓励，从此风雨无阻，只埋头挥洒笔墨。
- 出版社编辑邀约出书，拖了2年。这本书有幸能参与共创，算是给大家一个简单的交代，后续我会努力提高写书的积极性。

虽然现实很残酷，但我们不能自暴自弃，**学历低的人一样可以改变命运，可以活得更好！**

2. 无奈瞬间

学历低的我们，都遇到过哪些无奈瞬间，大家知道吗？来看看我们从3万人产品社群中收集了100多条有价值的信息后，提炼出的精华。

面试：
- 进大厂难如登天，简历会直接被人事过滤掉。
- 简历石沉大海，缺少面试邀约和展示能力的机会。
- 哪怕面试官也学历低，他们招人时依然优先选择学历高的人。
- 面试过了，最终接到入职信的人中却没有你。
- 因为学历低，被HR压低工资待遇。

机会：
- 简历扎堆没有你就算了，招不到人也不招你。

- ☐ 起点更低，机会更少。比如一些金融银行的打杂工都要求 985 高校毕业。
- ☐ 公司领导更重视学历高的人，对他们往往委以重任。
- ☐ 公司内部有晋升机会时，也会优先考虑高学历的人。
- ☐ 只能去福利待遇一般的公司，问题多，工资少，还经常加班。

偏见：
- ☐ 能力和决定容易被别人质疑。
- ☐ 在公司没什么存在感，大家觉得你可有可无。
- ☐ 在与能力差不多的人竞争时，容易被淘汰。

圈层：
- ☐ 在外，难以接触到高层圈子中的人。
- ☐ 在内，难以融入高学历同事的圈子。

心理：
- ☐ 人际关系中，内心会觉得低人一等而产生自卑感。
- ☐ 即使进入较大的公司，也没有自信。
- ☐ 同事们闲聊问到你哪所学校毕业时，不好意思说出口。

能力：
- ☐ 缺少高等教育的熏陶，不少底层能力确实不如人。
- ☐ 缺少大公司大项目的实战经验。

成功转型产品经理

我能成功转型产品经理，入职一家 4000 人规模的大企业，首先必须感谢前公司 HR、直属领导、产品总监给了我这个机会。其次跟过往的经历息息相关，这些经历为我转型打下了坚实的基础。

1. 转型前的积累

1）拥有更为厚实的技术背景

既然我们学历比别人低，那就需要在其他方面比别人更强。我写这篇文章并不是想告诉大家，学历低无所谓，而是要告诉大家，既然我们在高考时失败了一次，就要加倍努力，在其他方面弥补那次失败，然后我们依然能成功。

前面我说了很多低学历产品人的无奈，尤其想进入产品大门时，低学历成为迈不过去的门槛，我们该怎么办？我的答案是用技术拔高自己的段位。

大多数产品新人，无论学历高低，在入门前都不懂技术，若是我们能懂技术，这就会成为我们砸开产品大门的那块砖。**懂技术，虽然不是做产品经理的必要条件，但对于学历低的我而言却是一个很好的加分项，目前就职的公司就是看中了我有技术背景才录用我的**。在公司工作对接中，我们常年要跟程序员打交道，通过技术转型成为产品人的我，处理各种对接问题如鱼得水。有不少小伙伴就经常向我吐槽：总被开发人员欺负，该怎么办？很简单，知己知彼方能百战百胜。

这里我先简单介绍一套经典的 MCV 技术框架（见下图），后文再详细讲解如何才能培养技术思维。

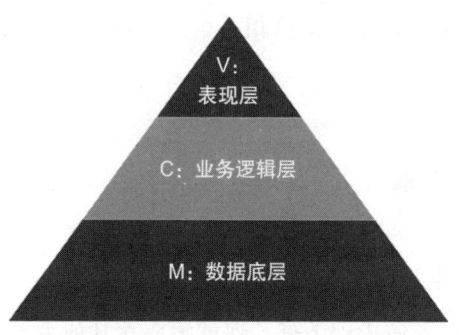

- M（数据底层）：将用户需求互联网化、功能化，用计算机语言存储最终数据。
- C（业务逻辑层）：用于表示各种事务之间以及各个业务流程之间的流转。
- V（表现层）：体现在原型界面上，也就是我们看到的在各种载体（网站、App、小程序、公众号）上设计好的UI页面。

我思考问题的顺序如下。

（1）**先挖掘需求背后事务的本质及其价值**。所有的系统设计无非就是对数据库中的各种表格进行增、删、改、查操作。技术人员常用的产品信息结构图，也可看作一种数据库，其本质是对需求进行存储和操作。比如，你看到的页面信息就可抽象为一个对象，即具体的某一个事物，在现实生活中能够看得见、摸得着的事物。

（2）**再分析业务在系统各环节涉及的流程**。为什么这样？为什么不那样？首先，必须清楚有哪些参与者，这些参与者都能在系统里做什么，都用了什么功能。其次，必须清楚这些参与者在系统中是如何操作的，先后顺序是怎样的，需要进行什么判断，有哪些逆向流程等。

（3）**最后用原型界面将整个事务过程串联起来**。原型的本质是把事情描述清楚，而不是追求高保真。你的原型画好后，业务看后没有提出意见，开发、测试、设计看后知道为什么要做和接下来该怎么做，且没有任何疑惑，那么说明你的目的已经达到，恭喜你，你可以将产品推动到开发阶段了！

2）外包公司是前期不错的选择

有些人一直把眼光放在各个大厂上，最低也放在各家中型甲方公司上。而这些公司往往都更看重学历，所以就出现了无法入门的困境。我认为，作为乙方的产品外包公司是低学历产品人前期不错的选择。因为外包公司相对于那些甲方公司，要求更低，更看重求职者本身的能力和发展潜力，所以把外包公司作为入门的选择，会是小白产品人敲开产品经理大门的捷径。但是据我的了解，很多人都会第一时间把外包公司排除在外。

为什么外包公司会被产品人排除在选项之外？我认为，大多数人都是因为经常听到产品圈的人说外包公司如何不好。若是有人在网上咨询是否应该去外包公司，得到的答案大多都是不要去。其实，外包公司并没有大家想得那么差，甚至在这里你能学到很多在甲方公司学不到的东西。大家不要道听途说，有机会可以自己去尝试，尤其是那些入行无门的小伙伴，或者突破瓶颈困难的初中级产品人。

在甲方公司，有些人做产品五六年，接触的项目也就三四个，在公司大部分时间都是针对一个老掉牙的产品做各种维护工作，日复一日地做着修补匠的事情，看起来很忙，实际却磨灭了产品人的很多天性。**试问，这是你当初想象中产品经理的样子吗?**

反过来看看我。我曾经在外包公司创业，做了 2 年产品负责人，接触的项目达到 1000 多个，平均一天看 2.7 个项目。虽然深度不够，但是这让我在产品广度方面积累了非常丰富的经验，也为我后期从事垂直领域产品工作打下了坚实的基础。

除了产品方面的经验，外包公司的工作经历还让我开阔了眼界，接触到了更高层次甚至超脱产品层面的东西。那时候我经常陪客户代表（大多都是高管，有绝对话语权）喝茶，参加创业峰会、私董会、商会等，哪里有老板我就去哪里。虽然这些看似是业务层面的事情，但是我跟他们谈的内容很多，我们谈需求、谈商业模式、谈各种稀奇古怪的想法。很多产品从 0 到 1 的过程就这么完成了，可以说某些产品就是这样被我们一个接一个聊出来的。如今回首，虽然大部分产品都失败了，但这段宝贵经历却让我的产品知识体系更完整了。

2. 每日一思，约定十年

以前我一直很羡慕一小部分人，他们总是可以坚持做一件小事很久，也因此走出了不一样的人生。到底是什么支撑他们一直坚持下去的呢？他们为什么要这样"折磨"自己？

为了搞清楚其中的缘由，我亲自实践了一把——**坚持每天独立思考一个产品问题**，并拿出来在产品群里与小伙伴们一起讨论、总结、复盘，刻意练习产品思维以提升认知能力，养成爱思考、爱交流的好习惯。

1）这样做真的有意义吗？

起初，我遭到不少同行的嘲笑：这么简单的问题还用问？直接百度不就有答案了吗？别拿你那幼稚无知的想法出来丢人好吗？你这水平也好意思写公众号？你是产品经理吗？

我发现一个问题：如今很多产品经理已经丧失了自我独立思考的能力，而他们却浑然不知。遇到问题，他们要么去百度，要么询问身边的同事。虽然这样确实可以快速得到直接答案，但是问题之外的东西呢？比如，为什么会出现这样的问题？还有哪些类似的问题？这类问题的本质是什么？如何从根本上杜绝或者预警这类问题？我认为问题表面的东西容易获得，而问题之外的东西才是我们产品人需要深挖的。而要想对某个问题有深入理解，必须要有自我思考的过程。基于这样的认知，我选择了沉默，选择了继续坚持。我不想成为他们中的一员，我不仅想自己进步，还想通过实际行动带动一部分人去改变。

随着时间的推移，截至本文完稿时，我已坚持2年了，慢慢得到了全国3万产品经理的关注，越来越多的小伙伴开始认可并加入每日一思的队伍中，一个又一个有价值的原创话题逐渐产出，不少产品人因此得到了很好的思路，解决了工作中不少问题。

2）有想过放弃吗？

不止一个人问过我，有想过放弃吗？有的。但是，当我想放弃并怀疑此事价值的时候，那些社群里、公众号里希望突破自己的小伙伴就会闪现，他们会推着我继续前进并死磕到底。认可越多压力越大，压力越大动力就越大，不少小伙伴早已养成每天独立思考的好习惯，有些问题即使工作上没遇到，每日针对某个话题大家也会深入去聊并总结，认知通过每天的日积月累逐渐提升了。

一件小事，既帮助了身边的人，又帮助了自己，并让我慢慢学会了什么叫坚持。

3）我能坚持至今，做对了哪些事？

没有哪一份坚持是没有原因的，这就如同物理世界，动力总是要有源头的，不会凭空产生。那么我的动力源自哪里呢？我总结了如下几点。

- **选对了方向**。我非常喜欢产品相关工作，一直对这个领域充满兴趣。干一行爱一行，可能大家觉得这样说比较虚。那我们不妨倒过来，爱一行再去干这一行，这样是不是就不觉得虚了？基于兴趣才能长久。
- **价值驱动**。除了经济价值，我因为不断倒逼自己总结和思考，还获得了自身的成长价值，因帮助他人还获得了个人品牌价值，看到他人因我而获得成长或好工作，我也收获了一份快乐。
- **遇到一群同道中人**。因产品而聚集到一起的小伙伴们，大家有着共同的追求和理想，大家互相督促和帮助，这本身就是一件让人很着迷的事情。
- **设定明确目标**。每日一思，围绕产品，坚持10年。因为目标明确，所以我的自律有了方向。
- **公开目标，让所有人监督我的行动**。把目标告诉身边的人，告诉粉丝，这就相当于做出了一份承诺，那份来自所有人的监督力，会转化为源源不断的动力。

- ❏ 建立了一个目标一致的团队。身边的人一起做一件事，这件事就会变得很有意思。
- ❏ 每天都有行动。不要想着每天都要有大的收获，那是不切实际的。但是一定要每天都动起来，每天都要向目标走一步，哪怕走很小的一步。因为长此以往这会成为一种习惯，并刻入你的骨子里。切记，不能停止不前。
- ❏ 善于倾听，及时优化。谁都会出错，会有纰漏，哪怕某些事情当时是对的，过一段时间就可能不再适合了。所以一定要能听得进别人的建议，并据此对自己的做法进行修正。
- ❏ 乐于分享。因为分享，我得到了成长，也交到更多朋友，这些新交的朋友也会成为我新的动力来源。
- ❏ 用上瘾模型运营社群。所谓上瘾模型，就是从触发到行动到多变的酬劳再到投入这一整套流程。

3 万人总结的 10 个产品心得

我和小伙伴们一直想为产品圈儿做一本"产品百科词典"，为社会创造价值，我们也一直在向这个目标不断前进着。经过 2 年多的积累，我们已有了一些沉淀，在这里先分享些许我们之前讨论后收录在《猪哥产品笔记》中的干货，希望能帮广大读者解惑。

1. 如何体验一款产品？

常言道，看尽世间产品，心中自然明朗。身为一个产品人，有事没事儿去看看其他产品是很有必要的，特别是竞品。

体验一款产品，应该关注下面这些点。

- 标语：产品团队提出的高度概括这款产品的一句话。
- 产品定位：愿景、使命、目标。
- 目标用户：为谁提供服务。
- 适用场景：本产品提供的服务在哪些现实场景中会遇到。
- 产品价值：解决什么问题。
- 盈利模式：变现的方式。
- 核心竞争力：产品的壁垒。
- 主要业务流程：完整记录主要功能的业务流转过程。
- 产品架构图：用架构图宏观高度概括整个产品的战略布局。
- 产品功能：整理产品功能列表，了解每个功能规则细节。
- 获客策略：有哪些引流手段。
- 运营策略：看活动广告（比如 banner 图）、看过往的历史版本。
- 交互亮点：哪些功能让你眼前一亮。
- 优化建议：你觉得这款产品有哪些不足？

2. 产品经理，到底需要具备哪些能力？

很多小伙伴想了解产品经理正确的成长路径。下面就此问题谈谈我们的理解。

（1）初级产品经理应该具备的能力。

- 基本职业技能：工具使用、时间管理、团队配合的能力。
- 执行力：能落地。

- 学习能力：悟性、好学。
- 沟通表达能力：与人交流。
- 信息传达能力：向用户清晰传达关键信息。

（2）中级产品经理应该具备的能力。

- 逻辑思维：理清事情头绪。
- 解决问题的能力：无论如何都会得出一个方案。
- 业务分析能力：熟悉业务。
- 独立思考的能力：自我探索。
- 懂心理学：要有同理心，要懂人心、懂人性。
- 权衡能力：通过各种维度的考虑，确定最合适的产品方案和优先级。
- 推动力：将产品顺利向前推进。
- 需求管理能力：需求调研、需求整理、需求敲定、需求规划、需求落地。

（3）高级产品经理应该具备的能力。

- 产品思维：看问题，找本质。
- 项目管理能力：需求变更，处理紧急需求。
- 产品架构设计能力：构建产品的骨架、根基。
- 懂产品运营：知道如何更好地连接产品与用户。
- 懂技术实现原理：知道互联网型产品到底是如何实现的。
- 数据分析能力：科学分析产品现状，更好地制定产品策略。

（4）产品总监应该具备的能力。

- 行业洞察力：观大局，捕捉商机。
- 管理能力：管人管事。
- 创造力：不怕做不到就怕想不到。

- 商业思维：变现，转化，盈利。
- 懂经济学：知道如何互相抢夺有限资源、互相竞争、互相合作、互相博弈等。

3. 如何做好你所负责的产品？

对于如何做好产品，我从 4 个维度总结了 18 个观点。

（1）为人处世：

- **多换位思考，保持同理心**。针对不同的人，要想与其同频交流，应尽量站在他的角度体会他的感受。
- **多一点爱**。爱自己的岗位，爱你的产品，爱你身边的人。
- **与项目组成员融洽相处**。遵循对事不对人原则，与项目组成员之间，尽量避免没必要的互相伤害，得饶人处且饶人。
- **对产品的过程和结果都要负责**。产品从 0 到 1 我们一般都很关注，但从 1 到 100，很多人都不在乎了，这是不对的。
- **要会协调各方资源**。公司越大，就越容易发生跨部门协作，高效合理地借用各方资源，对推动当前项目的正常进行有时是必不可少的。对于协作，能温和处理就温和处理，对于不配合的其他部门的同事，可请求上级进行协助。

（2）需求调研：

- **为谁服务，解决什么问题，有什么价值**。这三句话要反复在脑子里回荡。

- ❏ **需求调研时，少说话多倾听**。要想别人吐露心声，应在适当引导之后，给别人吐槽的机会。不要过于强势，要像与朋友交谈一样，做个倾听者。
- ❏ **辨识真伪需求，排好优先级**。要想辨别真伪需求，首先必须要懂业务方的业务。得到真实需求后，应对各个需求进行优先级排序。
- ❏ **了解问题现状**。任何业务方找你聊痛点、苦恼，其背后都是有原因的。了解他到底遇到了什么问题，再对症下药也不迟。
- ❏ **理清现有业务流程，包括上下游系统**。只有先梳理出当前上下游所有系统的流程与走向，你才能看透整盘棋中的迷雾，知道棋子（功能）到底该落在棋盘的（所有系统）哪个区域（你的系统）。

（3）战略布局：

- ❏ **制定长期规划，但控制一个版本尽量只迭代 1 到 2 个核心功能**。对于一个系统，长、中、短期规划都是要有的，每一期目标不宜太多，建议核心功能不要超过 2 个。
- ❏ **划清系统边界**。不清楚系统边界的原因来自两方面。一方面是业务方只认可你，所以他觉得自己所有需求都应该在你的系统里实现，导致系统过于臃肿；另一方面是你对上下游系统到底解决的是什么问题、提供了什么价值理解不够透彻，导致业务方需求变成你认为的需求，同时你没有考虑这个需求放在你的系统中是否合理。

（4）落地执行：

- ❏ **出现任何问题，都要有解决方案**。产品经理就是发现问题、提出方案、解决问题的人。所以在产品经理面前没有解决不了的问题，只有好方案、临时方案或被驳回的方案。

- **原型和规则要表达清晰**。原型 + 规则如果表达不够清晰，就容易导致业务方和项目组同事有疑惑，所以进行及时沟通是很有必要的。如果时间允许，最好是当面找他们沟通。
- **原型评审一定要得到项目组所有成员同意**。只有经过项目组所有关键人物的同意，才能将当前版本推动到开发阶段。这里我吃过不少亏，希望你不要再踩这个坑。
- **先做 MVP，上线后快速验证并快速迭代**。如果一个系统，你连 MVP 都没规划出来，那说明你还没搞清楚产品的本质——"为谁服务，解决什么问题，提供什么价值"。争取小步快跑，用最小耗时、最小的成本来快速验证项目的可行性。如果真有人用，那就快速迭代；如果没人用，那就及时停止，让损失最小。
- **做好项目管控，及时规避各种未知风险**。项目管控最大的风险莫过于项目延期，导致项目延期的原因很多，后面会专门讲。
- **所有正式决议必须有据可查**。可以通过公司邮件、钉钉截图、录音等方式进行记录或备查。

4. 如何快速接手前任的"烂摊子"

当入职一家新公司或者某系统的原产品经理离职后，你有极大可能不得不接手别人的"烂摊子"。此时的你该怎么办呢？

（1）初步了解：

- 先试着去接受，不要抗拒，不要一接手就想改变之前的做法或者推翻重来。
- 搞清楚产品本质，即"为谁服务，解决哪些问题，有什么价值"。
- 看遗产，包括遗留下来的流程图、操作手册、PRD 文档、原型等。

（2）实战了解：

- 亲自实操，多去测试环境中跑跑流程，记录疑惑点。
- 带着问题去找与此系统相关的老同事请教。
- 直接优化你自己能优化的需求。
- 进入业务异常反馈群，尝试帮助业务方解决问题。
- 去业务人员那里蹲点，观察他们的实际操作，记录下他们的操作步骤、各步骤用时、他们的吐槽，以及你自己的困惑等。
- 争取轮岗实战的机会。

（3）深入了解：

- 梳理功能点，并用思维导图整理出整个产品的架构图。
- 梳理主干业务流程图，简明扼要地概括出该系统解决问题的先后顺序。
- 梳理数据流程图，了解一条数据在系统中从上游到下游是如何流转的。
- 梳理系统整体流程图，重点关注子流程、逆向流程、变更流程。

5. 产品从 0 到 1，该如何设计？

很多人在设计一款产品时是盲目的，不知道有哪些步骤，也不知道从哪里开始，我曾经也是如此。为此我总结了产品从 0 到 1 的设计流程，具体如下。

（1）项目立项：成立项目组，撰写立项报告，向上级申请可调配资源。

（2）需求调研：与需求方多次面谈沟通，确定需求的真实性、可行性。

（3）产品宣讲：开会告知项目组所有成员为什么要做这个系统，这个系统为谁服务、有什么价值。

（4）竞品分析：横向对比 2 到 3 个同类产品，只参考学习好的竞品，不模仿，不照搬。

（5）画用例图：确定有哪些参与角色，这些参与者都能在系统里做什么，都用了什么功能。

（6）画功能流程图 + 数据流程图：必须搞清楚参与者在系统中是如何操作的，操作的先后顺序是怎样的，有什么特殊情况，有哪些逆向流程等。

（7）列功能清单 + 权限分配：详细列出系统中有哪些页面和页面中有哪些功能，并了解这些功能是怎样描述的，还要知道有哪些角色，这些角色有哪些功能。

（8）产品架构设计：此系统是否需要划分前后台页面，前台页面有哪些功能，后台页面有哪些功能。至于用什么载体（App、小程序、网页、H5 页面）呈现给用户，应根据可用资源确定。

（9）画信息结构图：将页面中的信息抽象到对象的维度，然后把同一个对象的信息放在一起，方便技术部门的同事进行数据库表结构设计。

（10）画原型图：使用 Axure 等工具画出原型图，并注明相关规则。

（11）原型评审：拉上需求方、技术人员、测试人员、UI 人员等开原型评审会（可多次），直到通过为止。个人建议，先按单点逐个进行突破，再开大会进行整体讨论。

（12）写 PRD 文档：撰写产品需求文档，目的主要是给开发人员解释清楚与各功能相关的规则。

（13）产品验收：与需求方一同验收产品，有不满意的地方，通知相关人员及时调整，满意后再上线。

（14）写操作手册：这相当于产品说明书，主要是为了让新的用户知道如何操作。若时间充足，可以录制操作视频。

（15）数据分析：分析产品运营数据，对项目进行持续改进，研究产品发展趋势，确定迭代方案。

6. 如何召开原型评审大会？

很多刚做产品或者经验不足的小伙伴，不知道如何召开原型评审大会。我在这方面同样栽过不少跟头，但也悟出少许实用小窍门儿。

（1）会前：

- **先在产品团队内部进行评审**。可以邀请有空的同事先帮你把把关，规避一些小问题。这个过程不仅可以相互学习，也可以促进彼此之间的感情。

- **两大阵营先按单点逐个击破**。原型图画好之后，建议先跟业务方代表单独沟通一次，主要与其沟通新的业务流程，以及新的页面如何跳转、如何操作；再跟各技术方岗位代表一起过一次原型图，主要沟通新的业务流程、页面的规则细节。
- **做好必要准备工作**。会议通知必须到位，提前一两天将会议信息发给相关人，会议当天提前10分钟再次提醒所有人；准备好会议资料，会上要分发的资料提前打印几份，至少保证参会关键人都有一份；准备好会议室；提前与运维同事打好招呼，让其调试好会议室各项设备；提前10～15分钟来到会议室，适应环境，把自我状态调节到最佳。

（2）会中：

- **业务关键人必须参会**。如果关键人实在没空参会，则应取消本次会议，往后延期，与关键人再约时间。
- **告知会议目标**。重点关注会议主题，为什么开，怎么开，要达到什么效果。
- **介绍项目背景**。为什么要做这个产品，为谁服务，解决哪些痛点，有什么价值。
- **对会议进行管控**。建议有偏题情况出现时，直接打断进程，并将会议拉回主题。
- **心态要好，控制好情绪，别激动**。没有被怼过的产品经理不是好产品经理，被怼时要心态平和，并引导会议继续进行。
- **指定专人做会议纪要**。由你自己或助理记录会议重点。

- **认真落实会议决议并严格执行**。会上讨论通过的内容都得逐一敲定落实，由相关负责人认领，确保责任到人。
- **不讨论技术实现细节，只探讨可行性**。开会之前，应确保已经跟技术团队单独评审过技术细节问题。大会上要换位思考，用业务方听得懂的话来讲解相关问题。

（3）会后：
- **发会议纪要给参会人**。避免忘记，通知到位，分头行动。
- **站会**。产品经理与技术团队开会讨论并确定产品提测、上线时间。
- **及时反馈**。站会后，尽快给业务方反馈产品上线时间。

我建议把评审拆解成业务方小评审、技术方小评审、业务方+技术方大评审来操作。这是我栽过好几次跟头后领悟出的道理，未必适用于所有人，但却着实帮我解决了多次返工的问题。

7. 如何避免因需求方导致的项目延期？

产品或者功能延期上线，很多产品人或多或少都遇到过。导致项目延期的原因其实很多，这里只从需求方角度来剖析。

（1）需求问题：
- 需求变更。
- 需求确认不及时。
- 应由需求方配合准备的材料准备不到位或者缺失。
- 需求模糊。
- 没有做好前期项目规划。
- 预期与最终结果不相符。

（2）沟通问题：

- 问题沟通不及时。
- 对接的领导太多，意见难以统一。
- 关键人修改需求比较随意。

（3）公司问题：

- 体制内，运作较慢。
- 人事变动。
- 资金不足。
- 要求高，时间紧。
- 不同立场，利益不同。

我在外包公司工作那两年对接过多个甲方，深受其害。以上所列出的问题，几乎都遇到过，这或许是外包行业很大的一个痛点吧！实战中我深刻体会到 MVP 的重要性：在需求方的梦想大而全时，从要落地的那一刻开始，我会将项目分为一期、二期、三期规划，各期规划分别对应必须具备的基础需求、客户期望的需求、超出客户预期的需求。

8. 产品架构设计，有哪些注意事项？

对于产品设计，我认为最难的莫过于设计产品架构的布局。这需要站在上帝视角全局考虑。相信不少小伙伴也意识到此问题。具体如何下手？有哪些注意事项？下面从 3 个维度剖析此话题。

（1）业务目标：

- 业务定位要清晰。

- 降低成本，提高效率。
- 提高业绩，增加营收。
- 流程自动化、业务数字化、服务智能化。
- 结合企业自身业务实际，综合考虑架构设计的合理性。
- 支撑业务后期扩展。

（2）系统设计：

- 高内聚低耦合。
- 系统功能要灵活可扩展。
- 角色权限要划分清晰。
- 使用模块化设计思维。
- 前端功能可拖拽。
- 设定系统边界，业务分离，避免牵一发而动全身。
- 不要让易变的新业务影响现有业务的稳定性。
- 系统之间要实现数据的单向流转，确保数据流可追溯。
- 确定上下游系统之间的关联方式。
- 要深入思考，对比新旧系统之间的差异、优劣。
- 要确定如何打通底层数据。
- 要确定如何迁移历史数据。
- 要确定哪些旧功能可以复用。
- 从系统整体角度考虑功能的合理性。
- 接口对接要便利、可复用。
- 尽量避免后期的维护成本过高。

（3）用户体验：

- 系统易懂、易学、易用。
- 复杂操作的引导要足够友好。

9. 互联网产品盈利模式全解析

我发现的 16 种盈利模式如下。

- 平台抽佣：如美团抽商家的佣金、滴滴抽司机的佣金、亚马逊抽商家的佣金。
- 收会员费：如在猪八戒网上，不同付费等级的商家，所匹配的客户也不一样。
- 买卖差价：如京东自营、亚马逊自营。
- 提供定制化服务：如软件外包公司，为甲方提供定制化解决方案。
- SaaS 化：如阿里云按月或年收费。
- 提供代运营：如为企业提供公众号代运营服务。
- 广告变现：如百度推广、腾讯的广点通。
- 提供增值业务：如游戏皮肤、道具。
- 提供数据支持：如艾瑞咨询。
- 被大厂收购：比如阿里系产品、腾讯系产品。
- 投资小公司：大公司长线布局方式之一。
- 卖流量：把自己的公众号卖给其他企业。
- 为企业提供付费培训：如亚马逊的部分付费运营课。
- 卖标准产品：如金蝶财务系统、泛微 OA 系统、销售易 CRM 等。
- 加盟费，代理费：如天猫商家加盟天猫。
- 售后服务：收取老客户日常运营的维护费、功能修改费等。

盈利模式解决的是钱从哪里来的问题；商业模式解决的是凭

什么能赚到这些钱的问题；营销模式解决的是怎么更快地赚到这些钱的问题。

10. 产品经理需要懂技术

产品经理为什么要懂技术？简单来说有如下几个原因。
- 可以和技术人员进行深入沟通，避免技术人员单方面推脱敷衍。
- 避免自己提出不切实际（技术上无法实现）的需求。
- 减少沟通成本，更容易得到技术人员的信赖。
- 提前预判需求的可行性。
- 能评估技术工时的合理性。
- 与技术人员讨论时，更有底气和威慑力。
- 能辨别需求方提出的问题是否是技术型问题。

既然技术对于产品经理来说如此重要，那么作为产品经理要如何了解技术呢？
- **初步了解：看写给产品人的技术干货**。网上一堆技术相关的学习资料、视频、书籍可供查阅，但不要陷入代码中，应重点理解技术人员的思维方式、产品的技术实现原理。若以学会敲代码为目的，那就走偏了。
- **深入了解：系统学习**。推荐一套技术组合拳，即JavaScript（前端）+Java（后端）+MySQL（数据库）。要了解技术，推荐主学一门语言，C++、C#、Java、Python、PHP，随便挑一门即可。只要通了一门技术，其他一通百通。然后去各种渠道搜索与该门技术相关的资料（建议选完整视频),你不选的技术可直接忽略。视频里会讲解代码,当讲解如何理解代码逻辑时要认真听、反复听,当进行代码演示时可跳过。从前往后(前端—后台—数据库),全部了解一遍,切记别敲代码,理解为主,边看边理解,边学边问。能用自己的话将各项技术讲给别人听,能理解技术人员说的话,那就说明你已经可以出师了。

学历低,该如何逆风翻盘

人生是一个渐行渐悟的过程,每一次经历,都是一种历练。学历低的我进不了大厂,但依然改变不了我力争上游实现人生价值的决心,为此我做过很多次尝试。我就如同打不死的小强,一次又一次地跌倒后爬起重来。

1. 高考复读反而更差

高考放榜那天,在得知比上一年考得还差,只能去读专科时,我一个人坐在电脑旁默默地流下了不甘的泪水,父亲静静地坐在沙发旁关闭电视并陷入沉思,母亲停下手中的活计,把我轻轻抱入怀中。

没背景也就算了,如今又叠加了一个标签——低学历。于是我在大学中,开始了疯狂的自暴自弃。逃课是家常便饭,白天睡觉,晚上通宵打游戏,那时候的DOTA、DNF、CS是我的最爱。大三那年,看到部队招新兵入伍的信息后,为了躲避即将步入社会的现实,毅然踏上了这个新征程。

2. 军校落榜黯然退伍

专科学历，一直是我的一个硬伤。为了弥补这项不足，我想通过考上军校成为部队干部，从而改变命运。于是我重新捡起了 4 年没碰过的高中课本。哪怕时至今日，我也再没达到过如当初那般忘我的学习状态。那时我每天都给自己制定当天的学习计划。上课认真听讲，下课用心温习，困了就站着，站着还是困的话就去洗手间洗把脸回来继续。

六科共 600 分，录取线 400 分，我考了 406 分，一般来说这样的分数是能被录取的。然而，我落榜了。得到结果那天我一个人坐在山头上抽了整整一包烟。两年了，从不抽烟的我，一根接一根地抽着，却没有流一滴泪。从那一刻起，我学会了克制自己的懦弱。

3. 零基础学编程技术

刚从部队退伍回来那会儿，我还没缓过神，一直迷迷糊糊的，不知何去何从。为了快速了解社会以便择业，也顺便跟老同学们聚聚，我天天约三五位朋友聊天。通过多方面了解，发现程序员是个不错的岗位。互联网时代，这是不少公司的刚需，很多公司也招大专学历的人，只要会敲代码，能完成任务就行。

可是，零基础学编程的那 8 个月让我经历了非常人的折磨。那时的我怎么学都学不会，怎么努力都没收获。那时候我经常怀疑自己脑子是不是有问题，为什么人家很快学会的东西，我每天晚自习关灯才走，回宿舍后继续敲代码到 2 点多，还是学不好。通过加倍的时间和努力，我后来还是成功成为一名光荣的程序员。

4. 创业失败重归职场

2016 年我从程序员转型成为一名创业者，两年的软件外包创业经历虽以失败告终，但我受益匪浅。在这两年里，我除了没去写代码，貌似啥都干了，其中的各种锻炼，至今再未有机会全方位体验。

从 0 到 1 组建并管理公司外包技术团队，包括产品、设计、后台开发、移动端开发、前端开发、测试、销售等人员；制定公司战略目标，落实业务线和关键产品策略，以及短期、中期、长期产品规划；与甲方面谈各种需求，撰写项目报价单，画原型图，梳理业务流程图，向团队传达需求，撰写 PRD 文档等；把控项目进度和质量，指导产品开发方向及产品运营方案，跟踪产品上线后的运营情况，向甲方及时反馈问题并进行处理。

5. 写作让我逆流而上

虽然创业是不看学历的，但我已失败 2 次，必须停下来进行沉淀了。还有什么是不看学历却又有机会向上突破的呢？写作。

有一天，公司部门老大突然给大家转发了一篇文章，我看完之后很受启发，后来得知竟然是公司同事写的。于是，我萌生了一个想法"如果我也写点东西，会不会有人喜欢看呢？"

于是我开启了自己的写作之路，通过写作分享个人做产品经理的一些工作感悟，帮助更多有缘人获得启发；通过每日的刻意练习，帮大家提升认知能力，让大家变得更自律、更爱思考、更会经营自己的人生。自此，我一发不可收拾，其间得到部门老大多次鼓励和支持。

一旦有了好的写作灵感,我就会记录在案,积累成素材,最终输出为有价值的文章,并发布到公众号中。

下面和大家分享几个我写作过程中遇到的趣事,当然其中也包括一些写作需要注意的事项。

- ❑ **说我泄密**。依稀记得,之前写过一篇文章,读者们都挺喜欢,结果公司中与我关系较好的技术同事看到后好心提醒我,如果被领导看到,会说我泄密从而影响我的职业生涯,建议改改。于是,我将原文中一些敏感问题打上马赛克后重新发布,依然有很多人喜欢看。自此,文章中涉及公司系统的信息时,我都会加上马赛克。如果你也计划写点工作感悟,这方面的问题应特别注意,避免因小失大,丢了工作。
- ❑ **被谩骂**。因原创文章质量不高,被嘲讽、被批评其实没什么,有则改之无则加勉,而被网络暴力则令我难以接受。可能是当时修行不够吧,受不了别人的冷嘲热讽。如今,遇到类似情况,大多数情况下我会选择无视,眼不见为净。不知道这样的做法是进步还是逃避,反正,我就这么做了,以不变应万变。
- ❑ **因接广告被骂**。这一点相信很多号主都遇到过。哪怕我再克制,拒绝了整整一年的广告,哪怕每月都严格控制广告数量,且只发布对产品人有用的广告,依然有人骂广告多。圈里不少作者朋友都知道我**怼起金主来是毫不客气的**,但很多读者依然表示不理解。
- ❑ **休息和娱乐时间少了**。以前,下班之后就是我的自由时光，可以随意娱乐！现在，**为了专注于写作，我卸载了下班后必玩的几款软件**。刚开始的那3个月是异常煎熬的，作为一个游戏从小玩到大的人，想放弃谈何容易，我只能咬牙挺过去！现在，我用一些简单的可以随时停止的小游戏来代替那些比较耗时且不能中途停止的大型游戏。想完全戒掉游戏，我目前还做不到。

- **面试被拒之千里**。如果你是作者，我相信，绝对有人问过你或者未来会问你这样的问题："你花那么多时间去写作，白天有时间好好工作吗？"我就曾因为写作、运营社群、做自媒体，被面试官拒了。非能力不行，只因人家觉得我太忙了，可能无心工作。为此，我反思过，到今天也没想明白，写作、运营社群、做自媒体，为什么不是我们工作的加分项，反而变成减分项？

那我又因写作获得了什么好处呢？

- **能力提升。用输出倒逼输入，用写作倒逼成长**。在做产品的过程中，我们或多或少都会有很多工作感悟，平时的工作总结最多也就是周报、年终总结等，这些都称不上真正的写作。写作是把日常各种零碎的思考，用清晰的脉络串联成文，这可极大地提升我们的产品综合实力，工作上处理问题也会显得更加得心应手。比如我，每次跟同事们进行头脑风暴时，被采纳的那些优质的点子里，总有属于我的那1/3。慢慢地，同事们喜欢向我请教问题了，领导和业务方对我也越来越认可了，逐渐放权让我独立去负责一些核心业务。这才是我坚持写作至今的本质原因。

- **被认可，帮到人**。通过写作，我输出做产品经理的一些工作感悟，不少小伙伴看完我的文章后表示很受启发，说我的文章写得很接地气。被认可并能真实帮到这些有缘人，是鼓舞我写作的动力源泉。
- **扩展人脉**。通过写作，我认识了很多圈内作者。有大家耳熟能详的大咖，也有个别像我这样低学历的普通人，大家都很努力，也都很优秀，我一直在向他们学习并严格要求自己。以前我觉得遥不可及的人物，如今却可以跟他们互动了，比如苏杰老师。能和他一起出书，这在以前想都不敢想。
- **打造个人 IP**。在这个人人都可以成为自媒体的时代，你不去努力试一试，又怎么知道自己不可以？
- **获得经济收益**。目前通过写作，确实赚到了工作之外的收入，这一点是我写作之初万万不敢想的。以前写作，需要通过向出版社投稿然后赚取稿费。现在，只要你传播价值，广告主就会主动找上你。注意，要控制好每月广告文跟干货文的发布比例，个人建议一周不要超过 2 篇广告文。

6. 我们该如何逆风翻盘

对于学历低的人来说，要么把职场走到底，要么把职场当成一个过程。一旦想清楚自己属于哪一类，那么请制定清晰的人生计划，只争朝夕，风雨无阻。

1）职场走到底

如果计划打工一辈子，建议首先提升学历，比如成人本科、研究生、MBA。其次可以考一两个证书，比如 PMP、NPDP。这样做的主要目的是增加面试机会和公司晋升机会。可向公司内部的产品管理岗位、行业内的产品专家、客户的咨询顾问等方向发展。

2）职场只是过程

如果打工只是过程，想成为自由职业者，那首先建议你认真对待下班后的时间。创业、写文章、拍短视频、搞培训、写书等，都会占用你的大量私人时间。一定要把下班后的时间利用起来，比如我，就把下班后的一切时间用于写作和团队管理。

3）创业建议

创业，其实是一件顺其自然、水到渠成的事。很可惜，我通过两次莽撞而无知的失败经历后才发现这个道理。年轻气盛时建议好好沉淀自我，至少先努力做一点成绩出来，待到天时、地利、人和都具备的时候再考虑创业，成功就会变成一种很自然的事。

我给产品人的 4 个建议

1. 用刻意练习来应对职业中的不如意

"你是不是听不懂人话？我要换人，你不行。""你这个产品是什么？这不是我想要的功能，你到底会不会做产品？""你这原型图画的是什么？你咋就不明白我的意思呢？你能不能把规则想清楚了再叫我评审，别浪费我时间好吗？"作为产品经理的你，是不是经常听到类似的话？有人可能已经因为受不了甩手走人了。想做好产品经理，应先拥有一颗强大的心。做产品经理，更多的是在跟人打交道，所以肯定会遇到这样或那样的不如意，我们应该做的不是逃避，而是应对。我给你的建议是：通过刻意练习来让自己更坚强。

如何刻意练习？如果你阅历已足够丰富，那么请复盘总结半生的苦难，为余生打气助威；如果你阅历尚浅，那建议多看一些高分励志类电影，看他人的故事感悟自己的人生。

2. 请用输出倒逼输入

成长的过程远比结果更重要。

唯有量变的积累才有质变的可能，请重视过程的养成，莫要追逐别人成功的结果。很多人认为输入是最好的学习方式，不断地看书、不断地收集各种干货资料、不断报各种培训班、不断为自己灌输各种新知识新概念，这样做确实可以学到很多，但能否做到学以致用却要画一个问号。

我认为，"**写出来，说出来，与人交流**"才是最好的学习方式。

通过与人交流，在输出中倒逼自己坚持输入。输出你的认知、输出你幼稚的想法，通过与人交流输入新知识、发现错误，这样的学习方式既有趣又高效。可帮你知道自己缺什么，再有针对性地进行补充，而不是什么都想学，什么都不会用。

一个人可以走得很快，但一群人能走得很远。寒窗苦读虽是好事，但会因痛苦而很难坚持。建议你找到一群志同道合的人一起学习，这样既可互相监督彼此成就，又可查漏补缺，看到不同维度的问题。

3. 搭建自己的产品经理知识架构

我发现一个很有意思的现象，很多人喜欢收集各种干货资料，看到干货文章第一时间不是打开消化吸收，而是收藏。他们**将收藏等同于看过**。下次看到同样内容又继续收藏，一次又一次乐此不疲。

为什么会这样？因为产品经理行业内卷严重，要学的技能越来越多，工资却不涨。没办法，为避免将来有需要而找不到，暂时又没时间看，就只能先保存或收藏起来了。

收藏干货文章是没有问题的，但我建议：

- ❏ **建立个人产品知识库**。这个知识库主要用于记录来自网课、书籍、音频、文档、文章以及关于原型、组件等的干货内容，不要照抄别人的分类方法，要根据你个人实际情况，用 MECE 原则制定适合自己的分类。千万别强求大而全，别什么都收藏，因为你根本学不完也看不完，把目前急需学习、与工作相关的内容收集全即可。
- ❏ **建立个人产品问题库**。记录你遇到的所有工作中的问题，然后按季度、年进行复盘；把你在社群讨论过的或自己发现的各种产品问题分类记录，做成个人问题集以方便再次遇到同类问题时快速检索到解决方案。
- ❏ **及时消化并分享**。再好的干货文章，收藏了却不消化，于你而言也是垃圾。收藏后不学习的现象已经成为普遍的现象。我之前也有这样的毛病，后来为了改变现状，我从社群中找到一些有同样问题的小伙伴，一起每个月打卡消化各种知识，把学到的感悟再分享给群友，在小组中用打卡倒逼输入，用分享输出消化所学所悟。

产品经理知识架构 = 产品知识库 + 产品问题库 + 及时消化并分享。

4. 入职后尽快熟悉业务

不管你是职场新兵还是老兵，进入一家新公司，第一周一定是熟悉公司的环境、同事及所在部门的基本情况。接下来，就是了解公司的愿景、战略规划，以及公司产品的基本情况。最后，是深入具体的工作内容，有机会就去客户现场深入了解产品。而作为产品经理，尽快熟悉业务是必需的。那么作为新人，该如何快速熟悉业务呢？要想熟悉业务，必须先熟悉人。熟悉人的主要方法如下：

- 保持空杯心态，重新出发。
- 记住相关部门主要负责人的名字。
- 搞清楚某项业务对应的负责人，知道找谁能解决问题。
- 与各部门及同事之间建立良好的关系。
- 参加公司的大小会议，有机会就积极发言，混个脸熟。
- 和各个部门的人聊天，获取大家对项目的认知和意见。
- 认识对接人，了解项目蓝图演进方向及现状。

熟悉业务的主要方法如下：

- ❏ 明确自己负责的具体事项，并熟悉前任的交接内容，尽快产出价值。
- ❏ 发现业务存在的问题并搞明白出现问题的原因。
- ❏ 了解公司组织架构，熟悉公司的产品，搞清楚多系统之间的业务关联。
- ❏ 熟悉公司每个产品的功能架构及业务流程。
- ❏ 明确每个部门的职权划分，方便以后进行跨部门沟通。
- ❏ 熟悉公司的每个产品，及产品的用户群体、用户规模。
- ❏ 了解公司产品的上下游对接情况，以及每个项目的进度。
- ❏ 在测试环境下做数据、跑流程。
- ❏ 以新人的角色去观察业务方使用产品的情况，可以坐在他们旁边看他们操作，记录问题点，不要贸然打扰或打断他们。
- ❏ 做一个总结分析目录并和上级进行沟通，定位产品未来的发展。
- ❏ 下基层，去市场做客户调研，了解市场，了解客户。
- ❏ 熟悉项目大框架和细节，最好出一个改版需求方案。
- ❏ 从市场、竞品、本品三个方向切入，了解公司的地位、产品的优劣和公司发展方向。

产品经理，不只是工作。 至今，我都没有把产品经理只当作一个工作岗位来看待，它已经成为我的生活习惯，没有它，我的生活就没了灵魂。

万物皆产品。 产品源于生活，请站在产品人的视角认真去生活，用心去感悟这个世界。

09

非科班产品经理的转型与逆袭

——王伟

我是王伟,曾就职于阿里天猫和京东商城,是一名"非科班"出身的电商产品经理,主导过多款产品的天猫大促;负责过京东某 B2B 产品,该产品市场占有率一度高达 60%。畅销书《电商产品经理》作者。与人人都是产品经理合作开发的"电商产品经理精进计划"课程,广受好评。公众号"电商老王"的运营者,抖音昵称"产品经理老王霸",知识星球"跟老王搞互联网"的星主。

做好 3 步，成功转型电商产品经理

我刚毕业时，产品领域的小白们多数通过苏杰老师的《人人都是产品经理》入门。那时甚至有人根本不知道产品经理这个职业。早有准备的我非常顺利地拿到年薪 20 万元的产品职位。

时过境迁，当下产品经理这个职业竞争异常激烈，有种千军万马过独木桥的感觉。2 年前，我所在部门招聘实习生，收到的简历有 1 万余份，HR 筛出几千人进入笔试阶段，最后只有 20 人被录取。竞争之激烈，可见一斑。

应届毕业生进入公司，竞争只能算刚刚开始。这些小白入职后，被分配到不同的业务线，在前辈的带领下，要求在 2 个月内完成 3 次答辩。组委会会给出大题目，每个人根据题目拿出解决方案并做成 PPT，答辩时要求进行 20 分钟 PPT 讲解，然后有 10 分钟的考官提问时间。每轮答辩都会淘汰一些人，被淘汰的人会直接卷铺盖走人。经过答辩，最后只有 3 个人能成为正式员工。

入职前如千军万马过独木桥，入职后竞争压力有过而无不及。作为职场小白，应该怎么办？我接触过上千位同学，深知产品行业的痛点，下面就来聊聊我的经验，这或许可以给你一些启发。

1. 思想准备：想改行进入互联网，要提前做准备

我曾经是个学渣，本科玩了三年 DNF。前三年，我的 GPA（平均学分绩点）只有 2.3，班级后 10 名，差点拿不到毕业证。临近大四，我突然开窍。想到自己如果继续颓废下去，怎么可能找

到工作呢？此时只有一个方案能让我逆袭，但它却是一步险棋，那就是考研。学校不好和学习不好的人，都可以通过考研来重新塑造自己。

那时，我不知道宝洁，不认识欧莱雅，不了解互联网，我的世界只有游戏。做决定之后，脑袋里多了一点奋斗的意志。我用了220天进行复习，雷打不动，每天6点半出门，晚上10点回宿舍，几乎断绝一切娱乐，无游戏，无篮球，无社交。结果自然是好的，我以410分的成绩被录取。

研一的时候，我每天都在考虑未来的择业方向，于是做了进一步探索。首先，利用暑假，我找了两份实习工作，分别是酒厂酿酒和化工厂制作有机材料，原计划在每个公司实习1个月。但我还是高估了自己的忍耐度，酒厂待了3天，完全无法忍受车间的味道；化工厂的味道更加可怕，我只扛了一天半，身体就完全吃不消了。在这个择业方向上，我仿佛一眼就能看到人生的尽头，于是，直接彻底放弃了这条路。

回到学校后，我励志做好科研项目。读论文，做实验，但是忙活一年却没有特别的产出，实验结果一直不是很理想，我开始怀疑人生。

条条大路通罗马，既然只靠自己做不到，那我就去寻找更可靠的人合作，比如蹭一蹭博士师兄的选题，给他打工，我们互取所需。在接下来的2年时间里，我们共发了4篇SCI文章，但我仍觉得自己没有科研的天赋。虽然导师建议我继续读博深造，但我考虑再三，还是放弃了读博士的资格，这代表着放弃了科研这条路。

在做科研的同时，我接触到了互联网圈子，了解到产品经理这个岗位。在考虑清楚职业规划后，我几乎孤注一掷，选择了产品经理。互联网对我来说虽是一个陌生行业，但殊途同归，我相信能做好化学的我同样能做好互联网。之后我扔下所有之前的东西，开始专心研究与产品经理相关的知识和技能，这算是赌上了所有的未来。结果也是好的，我拿到了多家大厂入职邀请。

其实，对于没有任何基础的同学来说，想改做互联网行业还是很难的，互联网的门槛是极高的，排他性也极强，没有点实力几乎没机会进入。所以，这里提醒大家，务必提前做好职业选择和规划。

2. 寻找方向：找好方向，时刻准备出击

成功向来只青睐有准备的人，智者不打无准备之仗。对于应届生或要改行的同学来讲，务必提前准备好简历，用丰富的经历武装简历。

除了简历，有些东西更重要，比如对于产品经理，你要了解：产品经理到底是什么？做的是什么？业界有哪些成功和失败的案例？也就是说，你要对这个行业有一个基础的认识。要想快速了解这些知识，建议大家通过知乎、百度及一些垂直社区进行学习，要想系统了解这个行业，图书是一个不错的工具。

而在进行上述内容之前，先要确定自己要做哪个行业。当时我的大方向是互联网行业，但是互联网行业包括的职位五花八门，究竟该选择哪个呢？我的评估标准有两个：未来该职位竞争力有多强；大厂是否会接纳，或者说这个职位的薪资是否足够高。通过我的多方调研，发现电商产品经理可以满足这两个条件。

头部大厂阿里、京东、美团、拼多多等都设有电商产品经理的职位，而且待遇很不错，比如阿里 P7 年薪高达 80 万元。而电商是未来各大企业的主战场，电商产品经理的竞争力可想而知。决定了就去做，这是我的做事风格，所以我开始了各种准备工作。

对于入行电商，我找到了捷径，只需要两步。

第一步，找一个领路人。领路人会帮你提前绕开很多坑，一个小问题，若没有经验，你会浪费很多精力去探索，而这在领路人眼里，可能就是一句话的事。

那么如何才能快速找到这个领路人？我的做法是优先去找学校里拿到互联网相关工作机会的师兄，最好是马上毕业的师兄。他们刚刚找完工作，对各种准备工作最为熟悉。再者是去关注一些相关的公众号，看一些专业的文章，从这些文章中既能学到互联网知识，又能了解电商相关内容。只要目的明确，方法总比困难多。

第二步，准备素材。寻找可以学习电商产品经理相关知识的所有资料，我当时选择的主要渠道是知乎和人人都是产品经理，我想要的，在这两个地方几乎都能找到。虽然这些垂直渠道中的内容非常零散，但是对于解决单点问题非常有帮助，这可以帮我填补知识漏洞。

准备素材的步骤是：先去了解电商产品入门必备的思路；再去了解电商底层交易系统的大概框架；接着去做大厂 App 的竞品分析报告；然后收集市面上各种成功的作品；最后，总结之前得到的所有知识，做一款自己的产品。

注意，这里所说的产品，不是指一个 App 或一个电商平台，而是指你在电商产品方面的产出，比如你可以运营一个相关的公众号，可以尝试发一发小红书，可以拍一些与电商产品相关的视频并发布到抖音，还可以跟朋友一起运营一款线上产品……当然，你写的竞品分析报告也属于产品。

我在面试候选人的时候发现，很多人缺少相关的产品，这是非常吃亏的。我上面讲过，我们需要武装简历，而产品是最好的"武装"。

最后给大家一个小建议：如果你是应届毕业生，想做电商相关工作，那你务必找一份电商相关的实习工作；如果你是要改行做电商的职场人士，那么你最好先从小公司面试开始。

3. 立刻执行：万事俱备，只欠行动的东风

上面讲了武装简历的方法，那么一份好的简历应该包括什么内容呢？我觉得作为一个应届毕业生，用一页简历就足够了，其中要包括个人信息、毕业学校、获奖证书、参与过的实习、做过的项目，有这些就足够了。个人信息要重点突出，包括姓名、性别、电话和邮箱，这样可以让公司很容易就获取到你的联系方式，方便后期联系到你。

我们只要提供一份完整的简历就可以了，简历不需要过于花哨，因为一般来说 HR 都会面对大量简历，他们希望第一时间获取到需要的信息，过于花哨的简历，反而不容易让 HR 抓住重点。所以一份清晰简洁、有重点的简历就是一份好简历。

有了简历，下一步就是找合适的企业投递简历了。如何找到合适的企业呢？我总结了几个渠道：各大公司官方网站、校园招聘会（自己学校的，其他学校的）、求职公众号。我在找工作的时

候,这些渠道都用上了。

找到合适的企业,简历通过第一轮筛选,接下来就是面试了。在正式参加面试前,我建议你了解一下宝洁八大问,按照问题,逐一去拆解自己做的事情。另外就是提前准备好自己的作品。我当时就是拿着竞品分析报告和规划模板去见面试官的,面试官非常满意,我最后顺利获取了理想的职位。入职后我才知道,这家公司的产品经理岗位全国只招 6 个人。我对这份工作唯一不是很满意的地方是,这家公司虽然也是大厂,但不是专门从事电商的公司。

有人会有疑惑,你不是说要学电商吗?为啥去了非电商公司实习?能进电商公司当然最好了,但是当时没有相应的机会,我只能退而求其次。因为当时我仅是想找一份实习类的工作,非正式工作,所以其他一线互联网公司也是可以接受的。大厂的经历对我成功进入电商领域起到至关重要的作用。

这段实习经历让我在正式找工作的时候拥有了足够的筹码,我甚至拥有了主动去选大厂的资格。最后,我以当时应届生中最高薪水档入职了号称电商"黄埔军校"的京东。

京东的工作让我对电商有了全新的认知。在京东时,我依然保持着自律的作风,坚持每天总结自己的工作,然后在 3 年后我把自己总结的电商方法论浓缩成一本书并正式出版,这就是《电商产品经理》。

3 个保持竞争力的思维

我认识一位阿里的产品经理,他仅毕业 3 年就晋升到 P8,

相当于仅用 3 年就获得超过 10 年的工作经验。

我曾跟他讨教,虽未得到正面回答,但是他给我讲了一个他自己的故事。

我喜欢抽烟,每天至少 10 根的量。没想到入职后转角遇到了我的老板,他也喜欢抽烟。于是,在工作之外,我们两个人你一根我一根,一天能借着抽烟的机会聊几个回合。因此,老板和我的关系也比和其他同事更近一些。于是他经常给我开小灶,从起初如何做产品,一直聊到如何独立带大型项目、如何协调资源、如何汇报等。

有了理论知识之后,我不停地思考:如何把这些知识应用到工作中?如何把老板交代的事情办好?因为有思考、有实践,我的绩效一直很漂亮,再加上老板的赏识,晋升就是水到渠成的事情了。

我从他的故事里听到了弦外之音,得到老板的帮助只是一种助力,他让自己坐上升级的火箭靠的主要是不停止地思考、不停止地行动,让知识的输入和输出形成一种循环,生生不息。

我也接触过一些得过且过的人,有些人甚至已经工作 5 年,认知还停留在大厂 1 年的水平。对于这些人来说,出现这样的情况难道是他们工作不努力吗?一般来说不是,这些人往往工作很努力,但是他们缺乏必要的思考,对于自己所做的事情知其然,而不知其所以然。

那么到底要如何工作,如何思考?如何才能短时间内获得更快的成长?下面我就来结合自己的案例,跟大家聊聊这些内容。

1. 用户思维：服务好你的用户

很多人在做产品时，可能压根儿就没有考虑过服务，只希望快速获得利益。如果买卖双方还没有建立信任，就过度透支产品的商业模式，这注定是会失败的。

生意的本质是解决供给和需求双方的矛盾，供给侧提供真实有价值的服务，需求侧才会去消费服务。供给侧作为主动方，需要尽量服务好用户，顺从用户心理。我们平时常听到"考虑到成本因素……""因为时间不足，所以……""我们开发资源不够，所以……"这些都是产品经理为服务没做好找的借口。

其实从用户角度讲，他们最需要的是真实能帮他们解决问题的产品（提供有价值的服务），只要你能拿出这样的产品，就能打动他们。关于产品和服务的关系，我们不妨看看 Costco 是怎么做的。

Costco 曾经被无数公司模仿，包括亚马逊、苹果等，但市场上从来没出现过第二个 Costco。原因不是 Costco 模式复杂，恰恰相反，而是它特别简单，简单到让人看到它就能理解自己该怎么做、做什么。Costco 最具代表性的特色有如下几个。

- 仓储式超市，用户享受最具性价比的商品，Costco 会对产品质量进行严格把控。
- 购物可得大额返利，多买多返。
- 随时可以退换货。

各大公司学不到 Costco 的精华是必然的，因为没有一家公司敢拼这样的服务。服务是最值钱的，就连阿里巴巴这样体量的公司，也不敢说自己的服务是最好的。

孟子曾讲："民为贵，社稷次之，君为轻"，对国家来说，民最大。对产品经理来说，用户最大，只要服务好他们，无论现在还是将来，你都会因此受益。

2. 执行力：落地，远远比创意重要

我曾看过一部电影——《大创业家》，讲的是麦当劳餐厅的故事。

在20世纪50年代的美国，盛行着汽车快餐厅。这些餐厅一般开在比较大的空地上，客户可以直接开着汽车来到餐厅前，不下车就可以点餐。但这些餐厅的办事效率往往特别低，点一份餐需要等待很久。

麦当劳兄弟认为汽车快餐厅非常有前景，所以决定入驻这个行业。但是，他们觉得之前的商业模式需要调整。于是，他们重新设计了用餐流程，并用排队取餐取代了送餐，成功把整个等餐时间由30分钟减少至30秒，堪称奇迹。

在当时那个时代，麦当劳兄弟的这个快餐模式是顶尖的存在。后来麦当劳兄弟也尝试着开了几家分店，但是由于经营不善，难以对食品质量进行严格管控，索性就把分店关了，只开一家。

这么好的产品，为什么不能给其他地方的顾客享用呢？50多岁的奶昔贩卖商克罗克对此感到非常惋惜。

如果给你两个创业选择，一流的创意和三流的执行（麦当劳的用餐流程是非常棒的创意，但是麦当劳兄弟的经营能力不足），三流的创意和一流的执行（复制麦当劳的用餐流程在各地开分店

是比较一般的创意,能有效执行下去需要足够的能力),你选哪一个?克罗克选的是后者。麦当劳兄弟开不成分店,他可以!克罗克说服了麦当劳兄弟,拿到了特许经销权。后来克罗克把麦当劳做成了大生意,资本越滚越多,很快就达到上亿美金的规模,而麦当劳兄弟还在加州的小店里。最后,麦当劳兄弟把麦当劳卖给了克罗克,只拿到可怜的 260 万美元,从此他们不能再使用麦当劳商标进行其他商业活动。

加盟、开分店这种模式在当时的美国并不是很新鲜的创意,但是偏偏遇到了克罗克这种具有一流执行能力的人,他把生意做到了全世界。麦当劳的股价也从原来的 1 美元 / 股涨到了现在的 220 美元 / 股。

我接触过一类产品经理,他们往往认为自己的想法是独一无二的,并且认为只要找到创新的点子,就可以改变世界。殊不知,在日常工作中,他们的产出都不够,何谈改造世界呢?创意固然重要,但只要不落地,那就只是创意。只有真正将创意落地的人,才有可能成为改变世界的那个人。换句话讲,战略如果不能落实到结果上,都是空话!

3. 长期主义:坚持做长期增值的事情

找到自己喜欢,在当下没有那么功利,却对未来有着明显复利的事情,然后长期坚持做下去。只要坚持量的积累,就会得到质的突破。

再好的事情和计划,没有对应的坚持,三天打鱼两天晒网,最终也会没有收获。有人可能觉得坚持做一件事,尤其是 3 年、

5年，甚至10年坚持做一件事太难了，根本没有动力。这里我提供一小技巧：**仔细感悟坚持做这件事给你带来的细小变化。**这些小变化会成为支持你长期做下去的动力。当然，不可能每天都能感受到这样的变化，我觉得可以根据自己的懈怠周期来安排感悟变化的时间。比如你坚持1个月后就会产生懈怠情绪，那就在坚持到第29天的时候感悟变化。

工作是你保持竞争力最主要的方法，但工作也可能给你带来更多风险，比如公司的突然裁员、降薪或变动，都可能导致你失去当前的工作。我并不是在这里危言耸听，这样的案例比比皆是。所以，如果你把全部精力都放到工作中，那么随着你年龄的增长，工作中潜藏的定时炸弹爆炸的可能性会越来越高。若是你能在工作之外长期坚持做一件帮你增值的事情，那么你的竞争力会不断增加，会给你带来复利效应，即使哪一天工作离你而去，你也可以轻松应对。比如我，一直坚持写作，已经坚持5年了，这份副业的收入即将超越主业。

别矫情，别偷懒，别急功近利，真正的高手都不是靠小聪明或者运气做事的，他们都是长期主义者。从现在开始，行动起来，1年后或3年后你再看自己，一定会有惊喜的。

罗振宇说："普通人的努力，在长期主义的复利下，会积累成奇迹。时间帮助了他们，他们成为时间的朋友。"

找到优秀的人，逐步引导自己成长

常言道，三人行，必有我师。在我们工作过程中，总能遇到有优秀特质的人。这样的人能和我们一起工作，这是一种恩赐，我们必须抓住机会，向优秀的人学习。比如我，在工作中从在产品、业务、市场、自身素质等方面有优秀潜质的人身上学到很多东西，这些都是我的宝贵财富。

下面就来说说，如何找到优秀的人，如何向优秀的人学习，如何用学到的东西反哺自己。

1. 开放心态，见贤思齐

我一直强调，如果有机会，最好去大厂历练。阿里、字节跳动、腾讯等大厂筛选候选人非常严格，所以这些大厂里的人大概率是优秀人才，一旦进入大厂，你身边的人都是值得学习的人。

为了能学到其他人的优点，在工作中，我一直保持开放的心态，愿意接受和挑战新事物。比如在做某个项目时，我从该项目的技术负责人身上，看到了很多可以借鉴的闪光点，其中最主要的是他的责任感和靠谱。当项目出现问题时，找他就能解决。即使你是挖坑小能手，他也能用结构化思维把问题解决掉。这种能力很有魅力，就像磁场一样，身边的人都会向他靠拢，他的成绩自然也会非常突出。

当时我就意识到，该负责人身上可学的东西很多，其中思考问题的方式是最值得学习的。记得那一年双11期间，千万预算的红包无法发出来，用户差评，客服反馈不断，已经要升级为事故了。他迅速动员骨干，拉着多个合作方一起排查问题，沟通方案，注意拆解行动和完成期限，仅用1个小时就完成了所有的部署，修复了问题。

对于一般人来说，当事故发生时，他们的第一反应可能是不知所措，根本不知道如何入手来解决问题。庆幸的是，我从该负责人的身上，看到了优秀的执行思路和方案，对于这些，即使只吸收了一部分，也会受益终身。

2. 钻研市场业务，做到专业

我经常听产品经理说："业务上的事情，是运营同学应该考虑的，我是产品经理，只做产品上的事情。"这其实是大错特错的，产品经理是一个全面型的岗位，很多工作都要参与。产品经理在工作中，市场、运营、产品、商业、技术、项目等都会涉及，有些可能需要进行深度参与。尤其是开始接触新业务时，完全摒弃业务去讨论产品形态是毫无意义的。

产品设计能力可以看成解决问题的底层能力，它是产品经理应该具备的最基本的能力，这种能力终有一天会达到天花板。一般来说在大厂工作 4 到 5 年，产品经理的产品设计能力就会成型，此时的产品经理可以设计任意一款产品。也就是说，这时的产品经理已经遇到了天花板，他们要想跨越到更高阶段，是需要突破天花板的。而突破天花板最好的方式就是加强自己对市场业务的理解。

了解业务的捷径是向业务负责人，或者其他懂业务的同学请教，比如约个饭或喝杯咖啡，坐下来深入沟通。公司内若有文档库，也要充分利用起来，这是比较珍贵的宝藏。仔细品读相关文档，对产品经理的成长会有很大裨益。

通过向他人学习，会迅速获取大量知识，把这些知识消化吸收后逐渐渗透到产品设计里，会带来质的飞跃。

3. 结构化的思考，让思维更加清晰

我曾经在说话和思考问题时没有条理，尤其是向他人表达我的观点时，东讲一句，西插一嘴，听得人迷糊，搞得自己也头晕。后来我通过学习才意识到，出现这样的情况，主要是因为我抓不住重点，找不到问题根源，无法拿出有效的策略去解决问题。

庆幸的是，我又找到了优秀的人。这个人讲事情的逻辑性非常强，无论是工作汇报，还是会议沟通，总能让人迅速抓住重点，然后带着听众顺着他的思路，进入他的故事。

我跟他取经后才明白，这是刻意练习的结果。在不同场景下，他会用不同的语言表达想法。在写汇报材料时，先给出结论，说出结果跟目标的差异，再去复盘细节。在开会沟通时，先讲痛点和背景，再聊方案和需求。

我虽说是产品经理，但无法把产品思维熟练运用到其他方面，讲话时从未考虑过站在我对面的人是什么角色。

后来，我买了《金字塔原理》这本书，每天坚持阅读，开始进入结构化思维的训练模式，旧思维跟新思维的冲突让我非常难受，但经过长时间的刻意练习也小有收获，甚至写 PRD 时都会严格使用 Markdown 模式，让需求看起来更加有结构和层次。

成长没有一蹴而就的，多跟优秀的人学习，多多自省，只要长期坚持，就会有收获。

放大自己的不同，探索产品经理的另一种成功

对于普通人来讲，不要幻想着去做一些惊天动地的事情，从

最基础的事情开始,做精吃透成为专家。前面说到过,人们不能只把眼光放在本职工作上,还要利用工作之外的时间做一些其他事情,这些事情要能突出你的优势,放大你的闪光点,帮你营造另外一种人生。在这方面我总结了很多值得借鉴的经验。

1. 唯有行动,才能找到正确的方向

寻找另一种人生的过程是痛苦的,会伴随着无限的迷茫和焦虑,因此迟迟不敢迈出第一步的人非常多。因为怕自己走错路,所以去网上找各种帖子看,结果越看越迷茫,越看越焦虑,于是开始没日没夜地刷抖音、刷剧,希望以此缓解焦躁的情绪。最后,一个月、一年过去了,还是没踏出第一步。有那个担忧的时间,莫不如赶紧行动起来,在努力的过程中不断试错,有问题了就及时改正。只要有了行动,曾经的那些焦虑一定会消失,因为你面对的问题已经变成"如何把事情做好",寻找这个问题的解决方法是每个产品经理都很擅长的。

当然,行动前的思考还是有必要的,你要保证走的方向没有大偏差,否则会出现越努力越焦虑的情况。我的意思是,不要把行动前的思考弄得过于复杂和详细,有了大体方向就开始行动,之后再根据情况进行方向的微调。

2. 行动有目标,珍惜自己的注意力

大部分产品经理加班是常态,可用的业余时间少得可怜,所以必须要精心管理自己的注意力,在一段时间内,只专注做一件

事。比如，我们要打造 IP，就要围绕自己的核心能力做影响力，影响力靠的是对外的优质发声，发声渠道有公众号、视频号、抖音、快手或小红书等。这些渠道的规则和玩法大不相同，所以出于精力考虑，建议选择其中的一个或两个作为主发力点。

大家一定要学会克制，不可贪多，要把精力放到能产生高价值的事情上。记住这个公式：注意力 > 时间 > 金钱。也就是说，在对外发声的时候，吸引用户的注意力是最重要的。所以选择发声渠道时应先看当前用户的注意力都在哪里，然后看用户会把自己的时间用在哪里，最后才能考虑金钱，也就是用户把钱花在哪里。

3. 深耕自己擅长的领域，相信简单的力量

对于普通人来说，能做深做精的事情很有限，绝大部分领域都无法进入，所以要找到并珍惜自己擅长的细分领域，持续深耕。就拿我来说吧，我不是一个聪明人，所以我选择用时间去滋润简单的事情。我擅长电商产品和面试辅导，在 3 年的时间里，我累计输出了近百万字的稿件，分别形成了公众号文章、书籍、课程文案以及知识 wiki 等产品。这不是终点，未来我还会继续发布更多的文章。

把简单的事情重复做，简单的事情也会变得不简单。

4. 你的产品，永远都要利他

我开通知识星球的主要目的是帮助大家了解电商、学习电商、

入门电商,其次才是获得相应的回报。也就是说,我优先考虑的是极致的利他主义,是如何站在学员的角度,帮助他们解决问题,提供有价值的付费内容。稻盛和夫曾说:利己则生,利他则久。

利他并不是不要回报,我理解的利他,一定是双赢的状态,双方都能从中获益且对方拿到的更多。认清你的客户群体当下面临的主要问题,梳理双方都想达成的目标,以及达成这个目标的几种方式和途径。产品经理对于利他主义其实非常熟悉,因为在产品设计中常会用到,它就是用户思维。这种底层认知在我们第一天成为产品经理时,就已经深深烙在心里。只要将这种思维延续下去,我相信无论你现在做什么事情,终会得到满意的结果。

我给产品人的 3 个建议

我有着不少的实战心得想要分享给大家,限于篇幅不能如愿,这里只能把其中我认为最有价值的 3 条分享出来,这可能对你的工作产生非常重要的指导作用。

1. 优先做小而美的产品

我听过很多"完美主义者"的宣言,他们满嘴都是产品思维和用户导向,每款产品势必要达到 100 分的状态。不可否认,这种"较真儿"的思维很值得肯定,但在产品生死存亡面前,却微不足道。

80 分就可以满足大部分场景,若为了提高那 20 分,需要投入巨大的资源,那么投入和产出就完全失衡了。对于大部分产品来说，解决主要痛点，之后就是获得收益。你要善于应用 MVP 模型，善于四两拨千斤，用最少的投入撬动最多的资源。

对于产品来说，首先要完成主要功能，任何额外的功能都可以考虑后续再迭代出来。

2. 不要迷信创新

很多产品经理希望做一些与众不同的、富有创新性的事情，如果某款产品市场上有人做过，让他再去做，他就会感觉索然无味。

创新固然是好的，但往往需要承担更多的风险。如果创新产品实现后无法达到预期的效果，你在这家公司的职业生涯就结束了，甚至会对你以后的工作产生不利的影响。

我不否定创新，但却希望你可以优先考虑如何控制风险。如果市场上有可以借鉴的产品，不妨先"模仿"到极致，再考虑融合一些小的创新型的功能。如此一来，产品的成功率会更高。

3. 注重个人 IP 的打造

产品经理是一群特别爱分享，能够使方法论结构化的人，这个人群更需要重视个人 IP 的打造。前期投入不要太过功利，要抱着利他心态通过写作或短视频对外发表个人总结和看法。

大家可以把这种分享当成对工作的复盘，长期坚持下去，会有奇效。试想一下，你所熟知的产品经理，是不是都在做个人 IP 呢？所以，从现在开始，行动起来吧。

最后送大家一句话：**我们可以生于平庸，但不能甘于平庸。**

10

我的大厂运营心得与对职业突破的思考

——李荣一

我是李荣一，曾经的一名大型上市公司产品运营负责人，负责过两个大型项目从 0 到 1 的搭建工作，操盘产品运营实现从 1 到 100 的增长。我现在是一名企业运营咨询顾问，为多家企业梳理过运营战略，提供过运营落地方案。作为"菜头公考"联合创始人、"改变世界的产品经理"联合创始人的我，还是公众号"互联网运营商业课堂"的主理人。下面就来讲讲我的故事，同时分享一些与运营有关的经验。

我对运营的理解

和做运营的朋友聊天,经常会讨论到"运营人找不到自我价值怎么办"这个话题,再加上"内卷"的影响,很多运营人迷失了自我。运营的工作比较繁杂,想要做到精细化运营,更是需要不断抠细节;很多时候一通操作猛如虎,但却不能在用户留存、转化率、交易额等方面有明显改善。所以运营是一个看似门槛很低,实则要求比较高的职业。尤其是在资金紧张的企业,运营人比较难找到成就感。基于上述原因,很多人提前开启了"躺平"的节奏。

商业的本质是流量和价值交换。流量获取是价值交换的前提,流量运营是商业链条中的重要一环。每家企业都离不开流量,而且需要持续不断地吸引流量并管理流量。流量需要好的运营。我服务过的企业中,有很多老板都吃过运营能力不强的亏,他们面对的最直接的问题就是流量的问题。在最近的几个企业咨询项目中,我发现企业主都有了运营的意识,觉得运营很重要。在没有合适运营人才的时候,老板都在自学运营知识。但是这些企业主也承认运营的玩法多样,想要得到好的、持续性的效果非常难。那么到底如何才能做好运营?作为跨行业从一个运营小白成长到专业的企业运营操盘手的我,对此有深刻认识:**要做好运营,不仅需要扎实的运营基本功,还需要保持敏锐的行业嗅觉,具备不断学习及输出的能力。**

很多事情都是说起来容易做起来难。有些事情就算你知道应该如何,但就是无法做到。下面就来看看我是怎么实践和成长的。

踏上互联网节拍，看到了运营的光

进入互联网行业，是因为一次偶遇。大学时，我的专业是物流管理。那时寒暑假期间，除了大三时协助学院导师做了一家企业的物流项目，并代表省到北京参加全国物流大赛外，其余时间都是在东莞表姐家的外贸公司帮忙。表姐家的公司是做电子产品外贸的，规模比较大，也有自己的工厂。那时的我因为经常听表姐她们聊供应链方面的痛点，经常接触工厂的品质管理、外贸报关流程等与业务相关的内容，接触最多的信息也都是关于电子产品、外贸、工厂管理的，自然希望对这方面的内容了解更多。所以我毕业以后去了深圳一家世界五百强企业，学习供应链管理。按照亲戚们的规划，以后可以和表姐一起做生意。这样的经历不仅影响了我毕业时的工作选择，也影响了我接下来的人生。

现在回过头来看，人生走过的每一步都有其意义。关键时刻，我们的选择往往会受限于我们的认知和接触的圈层。比如我，这不仅体现在我选择供应链相关的工作上，还体现在我接下来进行的一系列活动中。

在深圳工作的那段时间，我基本上没加过班，所以时间比较充裕。宿舍楼对面就是图书馆，所以每天都能泡在图书馆里看书。我的见识慢慢拓宽，开始展开对工作外的追求。看到当时很多人在开网店赚钱，我就自己学习 PS，尝试开网店，这个阶段是我做店铺运营的启蒙阶段。但后来受限于时间、精力及货源等就放弃了，那一次的决定让我与第一波网店浪潮擦肩而过。

我是一个非常有家庭归属感的追梦女孩，在深圳这样一个快节奏的城市，总觉得自己仅是一个工厂的螺丝钉，缺乏职业成就感和归属感。想要突破自己，同时也想找一个有归属感的城市，于是在 2011 年，我离开深圳来到广州，就在那年我遇到了京东。当时的京东在华南区影响力还很弱，还没有进行大量的线上线下品牌植入，所以在拿到入职信的时候，有几个朋友还帮我去调查京东的真实性，怕我被"皮包公司"骗了。

从传统行业的供应链管理跨界到互联网运营，我能够顺利通过面试并都得到领导赏识，我觉得有两个主要原因。一个原因是我在深圳的时候经常帮老板写报告，逻辑思维能力得到了锻炼。工厂里的报告从反馈问题到分析问题再到下结论是非常严谨的，因为解决方案是牵一发而动全身的。另一个原因是我在工作之余看了很多书，每天早上 5 点左右起床看书学习，包括自学一些工具软件等。学习让我储备了大量宝贵的知识，也让我积攒了很大的潜力。**所以，在职场里扎实做好每一项工作，并不断向外扩展自己的兴趣、爱好，坚持下去就会有惊喜。**哪怕你只是一个新媒体运营人，把文案写好也会有大把机遇。

当时京东内部对运营这一职位的划分没现在这样精细，京东的运营多偏向于销售。当时的运营岗统称采销，工作事项非常杂，基本上什么都做。我当时负责过自营大小家电、3C 等多个产品类目，需要自己完成商品上下架、策划营销活动、向内部争取流量、管控库存、对接售后等。我记得当时很多活动都需要自己出设计图，因为通常一个设计需要对接多个需求部门，至少需要提前两周进行排期，所以想要出业绩，就要靠自己想办法克服各种困难，以此证实自己的价值。

当时我对运营的理解就是线上销售，只不过是基于互联网平台通过线上流量把货卖出去。日常的工作除了入库对接、商品上架、活动策划、数据跟踪、库存管理、售后及结算等固定内容，其他就是思考如何达成销售额等关键考核指标。虽然可以去请教其他人的玩法，但是大家都很忙，最终检验运营能力的标准还是销售额及其他的增长指标。

每次的指标考核，我们都觉得挑战难度很大，现在回过头去看，依然觉得几乎是完不成的。但是当时没想那么多，因为没有人给我们定天花板，我们把所有的时间和精力都放在如何达成指标并拿到奖金上面。

这和近期有些做运营的小伙伴找我咨询的情况类似，他们去到一些规模不大的公司，遇到了职业发展困惑：工作事项非常杂，做了很多本职工作之外的事情，担心这样会导致自己关注点不够聚焦，专业度不够，最终学不到什么东西。这些问题我都遇到过，因为在京东大家都在冲销售额，而且每个月的销售额都要保证有一定的增长比例，所以我们要自己想办法，遇到问题要能主动寻求答案。比如，针对系统问题我们提出来某个需求，就需要描述清楚需求，然后跟进需求的细节实现，完成上线验收。出现需求问题、流量问题、仓储问题、售后问题、对账开票问题等都需要主动找解决方案。但是这些都做好了，销售额上不去还是不行，对运营人来说，处理这些复杂琐碎的事儿是基本能力，需要在妥善处理好这些事情的基础上，想办法完成各项指标。

我认为运营人的生存之道是把工作当成自己的生意，这样就会减少很多烦躁和埋怨，多考虑如何在复杂的事情中培养自己的核心竞争力。要想证明自己的实力，就需要扎扎实实做事，认真完成每一项指标。

后来我和阿里、美团、唯品会、拼多多等互联网大厂的朋友一起聊天，大家谈及当时的互联网，发现运营人有太多的野蛮打法。从单一产品促销到组合营销，从团购、秒杀、蹭流量、满赠、满折到借明星造势、各类异业合作、线上线下海陆空组合打法等，去除那些琐碎的基础工作，我们能回忆起来的都是一些非常有意思的运营活动、令人心惊的数据波动，以及闹心的用户留存、转化等问题。我们觉得这些是运营人员的快乐所在，能够在工作中找到快乐，做起来就不会太累。前几天，我在拼多多做社区电商的朋友还兴奋地跟我分享她们和其他公司竞技赛跑的事情。我对那份运营的激情能够感同身受。

如果你已经非常厌倦现在的工作，找不到一丝动力，那么可以尝试给自己做个梳理，看看自己的价值在哪里。如果没有更好的选择，那就运营好当下，并给自己找个理由，让自己投入进去。

后来准备创业的时候，我找了一些机构帮我做商业模式梳理，被问到很多问题：你喜欢运营吗？从你现在的机会点分析，你觉得做什么是开心的？分析之后，我还是选了运营。

小结：职业的选择很多时候会受限于自己的认知，比如我当时选择去工厂做供应链管理，就是因为接触最多的是亲戚的工厂。后来选择做互联网运营，也是因为自己有开网店的经历。我之所以能打开个人意识的局限，受益于当时能够有机会多看书。在职场之所以能够不断思考解决方法，拼尽全力去完成老板设定的指标，是因为我在探求达成指标的路上，享受着个人成长的过程。

从 0 到 1 的产品运营实践

从京东离职之后,我先后操盘过两个项目:一个是 C 端的电商平台,从 0 到 1 完成项目起盘;另一个是 B 端的电商平台。

1. 从 0 到 1 运营 C 端项目

在京东工作了近 5 年,然后去了某传统互联网企业进行了一次内部创业。这次内部创业经历打破了我一个"大厂螺丝钉"的思维局限,让我第一次有机会参与各个环节的设计,站在用户的角度去审视整个业务。我还记得当时进入公司的第一件事情是写商业计划书,做业务模式设计。还好这些工作在 MBA 课程中学习过,还算顺手。我把这个项目当成自己的事业去运营,所以经常会最早一个到公司,最后一个离开公司。从商家的招募、组建供应链端,到用户的成交转化,每一步我都实操过。这个项目验证了我的想法,这让我更加有信心去做高阶运营规划。

作为项目的操盘手,我能够全面了解产品及其运营情况,能够树立更高的运营视角。我不再仅思考如何完成指标,而是进一步思考怎样设计合理的指标推动项目良性运行。我不会抱怨企业的资金投入少,而是关注如何做好成本管控。站的高度和位置不同,我做运营的视角有了很大变化。

做互联网行业,顺势而为非常重要。当时传统 PC 端互联网的社区产品在走向没落,移动端时代已经悄然来临,而我所在的公司却迟迟做不出用户迁移的决定,错过了移动互联网的黄金期。这种历史性的机会一旦错过,就没有第二次了,只能眼看着沉沦，遭受互联网的毒打。公司从最早大量资本希望进入，到后期融资困难，再到后来甚至连员工薪酬都发不出来，不禁让人感慨。

但是现在回头来看，社区其实是一个值得研究的产品。因为它是一个用户自运营的地方，各个版块的版主都是内容的创造者，他们自己竞聘上岗，而且相互监督，非常有内驱力。放到现在的私域流量运营中，这是一种非常让人向往的自运营状态。

做私域流量运营时，经常会被前来咨询的企业问到：我们学了很多社群运营的课程，为什么群内还是不活跃？导致我们现在都不敢把客户往社群里引导了，担心社群氛围不好，让客户流失掉。很多企业急于转化交易，这时做快闪群，进行短期运营比较合适。**长期运营的社群就是一个场域，想让大家在里面保持长期的活跃度，尤其是能够形成自运营，是非常耗时间的，这需要做好社群定位，搭建内容输出框架，做好价值塑造和传递等**。运营一个好的社群，虽然营销推广成本少了，但是所需要的时间成本会非常高。

2. 从 0 到 1 运营 B 端项目

我的第二个从 0 到 1 的项目是华南某知名地产企业的产业互联网项目。我是进入该项目的第一个互联网人。集团在项目创立初期，重金聘请四大咨询公司做新项目的商业顶层设计，包括行业深度调研等。在和外部智囊团共同探讨的这段时间，我的运营视野不断打开，思维层次和认知水平不断提升。对于家庭压力不太大、试错成本不太高的年轻人，我鼓励大家去尝试陪伴新项目成长，这种经历会为你带来充足的职业成就感和成长愉悦感。

一个运营人，很少有机会能够参与到商业的顶层设计中，比如做商业画布、商业计划书、业务模式设计、行业深度调研、整体运营战略规划、盈利模式设计、财务模型等。我有幸参与到这样的工作当中，积累了宝贵的经验，这让我能够站在更高的维度去看待运营。后续带领团队时，尤其是处理业务时，我遇到的阶段性问题，包括当前的阶段性问题与业务长期发展之间的矛盾，这份经验都为我提供了解决思路。

小结：互联网的发展速度很快，踩准节点、找对风口很重要。一定要顺势而为，如果有机会，就多去尝试以更高的视角看待运营的问题。

如何做一个不断增值的运营人

1. 向下深耕，向上生长

很多小公司的运营部门分工不明确，导致很多运营人找不到或者无法专注于自己的领域，很难出结果。尤其是再遇到一些老板，希望能够最大限度挖掘员工的能力，把一些本不属于运营的工作，或者看起来和运营关联性不大的事情安排给运营人员，那就更糟糕了。

如果你也有这样的困惑，那我建议你尝试做个减法，让自己专注于某一方面，提升自己的运营能力，同时学会向上管理。首先，你自己要有工作重点，把主要精力聚焦到自己喜欢的事情上，不断对自己的想法做验证，先把自己想做好的部分做好。比如你专注于用户激活，可以规划出3到5种用户策略，然后根据用户标签圈出重点运营群体，对这部分人进行策略投放，对投放后的效果做复盘，提炼出可行的策略。积累到足够的经验后，就可以向上管理了，你可以拿着扎实有效的数据向上级争取资源倾斜。向上管理的过程其实很简单，因为企业也需要不断创新，你的上级也需要不断探索新玩法并向他的上级汇报。

上面介绍了小厂运营人员的突破方法，下面介绍一下大厂的运营工作。

互联网人都希望有大厂的工作经历，因为这不仅能够让简历光鲜，还有能够开阔自己的视野。在大厂只要想学习，多跨职能、跨部门去学习或者义务帮忙，就有机会全盘了解一个企业的系统化运作方式。但是大厂也有不好的地方，那就是要做很多重复的事情，这会让很多人因耐不住性子而离开，或慢慢在重复性的工作中迷失自我。我从京东出来的原因之一就是不想再做重复的工作。

在京东时，我经历了职业困惑期，内心危机感不断增加。我在网上看到很多文章在写30岁的产品运营人何去何从，35岁以后产品运营人将会被淘汰出局等。我同时也看到很多大厂运营人员通过赛道的不断切换积累了一大波流量，并实现了变现。于是，我也开始尝试其他行业，比如我兼职做过理财规划师、天赋解读师、职业规划师、沙盘教练、运营讲师、线上培训运营等。

尝试过很多行业后，最终我还是回到了产品运营。因为我发现不管什么行业，最终都需要通过交易转化才能变现。虽然不同行业、企业的流量获取路径、业务模式等有所不同，但是触达用户做转化是大家都要面对的。而这些都是运营干的事儿，是运营可以发挥自我能力的领域，在这个领域中可以充分体现运营人的自我价值。所以我开始基于运营做行业拓展。你若也是大厂运营，且遇到发展瓶颈，不妨也采用这样的突破方式。

小结：让自己找到运营价值，走出职业困惑的迷宫。我总结了3种方法。第一种方法是先让自己达到想要达到的状态，再以更高的视角去看待当前的困难。第二种方法是给自己做减法，排除外部的多项干扰，专注于自己擅长的方向。第三种方法是基于深厚的运营功底，进行行业拓展，为自己营造更广阔的发展空间。运营人员要充分重视数据，因为运营是靠数据说话的。数据一方面可用于考核绩效，一方面可帮我们获取领导和同事认可，展现自我价值。

2. 练内功，夯实运营的核心能力

在一次 IP 链接会上，我们9位运营创业人分享自己对当前运营项目的看法。其中8位都讲到了自己的"运营出身"，还强调了自己哪方面的运营能力比较强，或者自己专注于研究哪方面。比如小七，她擅长做内容运营。因为内容运营做得好，她甚至获得了企业内部创业的机会，现在担任集团新项目的 CEO。在搭建领导班子的时候，她很清楚自己的强项是内容运营和企业战略规划，所以不管项目发展得多快，她都会通过放大内容运营的优势来推动项目前进。

比如我做产品运营时，要兼顾的运营细节很多，但是这都是表象，关键是我能解决什么问题，这是大方向，也是根本。能解决问题才是我的核心价值点。而要解决的问题可大体分为两种：流量问题和转化问题。

明确了大方向后，我们还应确定深耕方向，也就是我们需要在自己所做的工作中确定一个核心，然后不断深耕。比如我喜欢做数据分析，喜欢通过数据去一点点抠转化率。在运营过程中，对转化率影响比较大的是营销活动，所以我会去做营销活动的深度分析。我会分析对标企业或者行业的大型营销活动，我通过案例拆解的方式，结合行业发展阶段及活动目标，从营销节奏、关键时间节点、钩子产品设计、用户路径、转化阶梯等方面做案例分析，之后将得到的经验回归到我负责的项目中，对我的项目进行优化。

小结：运营的价值往往体现在能够解决什么问题上。我们日常做运营时需要不断问自己——客户想要的是什么？老板想要的是什么？我能做什么？找到自己擅长的方向，夯实基础，努力深耕。

3. 找到自己的运营优势

向我咨询的朋友，很多都找不到自我价值。他们遇到的大多数问题是：运营门槛低、行业内卷严重、做的事情繁杂、企业内耗严重。感觉自己像一个螺丝钉，做的事情没有很大价值，怕年龄大了会被企业淘汰。之所以出现这样的困惑，一部分原因是对前途的不确定，一部分原因是对自己能力的不自信。

我也不止一次遇到这样的困惑，彼时的我总会想象着自己手持一把倚天剑，可以仗剑走天涯，即便不能划破岁月的痕迹，至少也可以让自己的价值不断累积叠加。当然，真正的倚天剑是不存在的，而我们自己的知识（向外寻找）和优势（向内寻找）往往可以作为应对困难的"倚天剑"。走失在迷宫中时，我都会去求助我的智囊团——图书和身边的朋友们，他们的智慧可以把我从困惑中拉出来。除了图书和朋友，我还会求助专业机构。比如我就曾请5个机构帮我做个人定位梳理。所谓定位梳理，听着高大上，其实就是通过问与答的形式发掘我的优势，然后商讨如何把优势放大。梳理过程中常用的几个问题如下：

（1）你做过的事情都有什么？

（2）上述事情中你累计花费的时间是多少？

（3）你在××事情中取得了什么成果？

（4）你正在做的事情中哪件事是你最喜欢的？

其实很多时候，通过这种问答的形式，我们自己就可以找到定位，只是有些问题我们自己不敢直面，导致得到的结果有偏差罢了。

此时可能有人会说，我确实没有优势怎么办？下面我举例说明这个问题。我为企业主做运营培训时，发现企业运营想要解决的问题可以归为两类——流量引入和转化，这其实都可以归到用户运营的范畴。要想做好用户运营，需要有完整的用户生命周期管理意识：从确认流量来源到流量管道搭建，到策划营销活动，到内容运营，到转化及裂变等。要想把用户运营做好，这一套运营打法中的每一个环节都是必不可少的，但是掌握这套方法并不是优势，因为这个是所有用户运营人员都要掌握的基础内容。而我们把其中某一项做得足够强，就可以形成个人优势。

找到了优势，只是第一步，接下来必须进行优势放大，才能真正让优势成为无往不利的倚天剑。那么如何放大优势？

不管在什么运营岗位，只要不是厌倦或排斥自己所做的事情，那就扎扎实实把工作做好，这是形成自己优势的基础，也是放大优势的基础。那么之后怎么办？大家可借鉴我的做法。

我在做好基础运营工作的基础上，会关注外面大的平台、知名品牌及行业优秀人物新的运营动作及玩法。比如在活动运营方面，我每年都会认真学习 618 和双 11 各大电商平台的运营玩法。每年在大促的时候，即便是不买商品我也会在节点前 20 天开始关注平台的资源安排、端口展示，再找 20 个自己关注的类目中的 20 个品牌，看商家的运营动作。通过研究这些玩法，我在活动运营方面的优势不断放大。

小结：要想突破阶段性的职业困惑，就要不断修炼内功，找到自己的优势。这不只是为个人定位做铺垫，也是在修炼自己的内心。只有真正认可自我价值，才有内驱力去做自己想要做的事情。

4. 用运营思维去运营自己

前面是我们在不断向内看，寻找自我价值和优势。在不断练内功的时候也要不断向外看，认清趋势，寻找机遇。

沉浸于琐碎的产品运营工作的运营人员，也要不断让自己融入行业中，用运营思维去实现自我价值。很多时候找不到工作方向，除了读书提升能力之外，我还会去招聘网站看看：我关注的大企业最近都在招什么运营岗位？这些岗位的职责主要是什么？薪酬范围大概是怎样的？如此等等。比如，拼多多最近在大量招运营人员，通过相关职责描述我知道，他们在布局社区电商，所以社区电商很可能成为接下来的运营趋势；字节跳动开始招募城市合伙人，通过相关要求可知，他们在布局外卖的业务线；视频号的出现带动了内容运营的发展，导致优秀文案人员紧缺……这些信息可以帮我们确定市场需求和未来的努力方向。

我觉得每一个人都可以看成一款"产品"，要让自己不断增值变现，这本身就是一种运营。找到赏识我们的人，跟着趋势走，这像极了找流量和获取流量的过程。当我们确定好方向，想要找到合适的工作岗位或者创业项目时，就需要用营销思维把自己"转化"出去。在工作中要想体现自己的价值，并实现价值裂变，为企业创造更高的收益，就需要不断思考服务对象的真实需求，充分利用用户思维。

小结：既要向内看也要向外看，跟随趋势的拍子，抓住运营关键节点。我们要不断提炼自己的核心能力，做自己喜欢的事情，并实现价值最大化。

我对突破职业逆境的思考和探索

1. 目标和航道，寻找自己职场的北极星

产品运营人会经常受到外在和内在因素的影响。除了工作上各类数据指标增长的压力和繁杂的日常工作之外，更多的压力来自内部——自我的迷失和不断自我否定。这就像行驶在汪洋大海中的轮船，在黑夜（相当于压力）来临时，若是没有北极星的指

引，就会彻底迷失，距离彼岸越来越远。

每家公司都会对销售额及与其相关的关键指标有较高的期待和要求，运营团队是实现销售额的主力团队，但是作为运营人员，往往很难找到满足公司要求的增长点，同时也会面临营销费用不足、人力与业务发展需求不匹配等问题。这时候不仅领导会否定运营人员，更可怕的是运营人员会自我否认，会产生无限的挫败感。面对这样的情况，不同的人有不同的处理方法，比如有些人可能会通过换一份工作来改变状况，这就如同在汪洋大海中重新刷新了位置。虽然看似脱离了之前的困境——换了新的航道，但是黑夜、没有指引等困难依然存在。在早年的时候，陷入迷茫时，我会提升自己的专业知识加以应对，提升的方法前面已经介绍了，就是不断地看书、学习。现在反思之前的做法，虽然比换航道更高明一些，但是这依然不是直接解决迷茫问题的方法，这只是寻找解决方法的方法。那么解决方法到底是什么？在经历多次职业困惑和危机感带来的压力之后，我终于知道自己需要什么了——目标，这是为我指明前进方法的北极星。每个人的目标可能都不一样，我从运营工作中提炼出自己的大目标是做有价值且喜欢的事情，然后我围绕这个目标去学习，去进行能力提升，久而久之就形成了我的个人优势。

有时候，大目标可能会显得过于模糊，这时就要制定阶段目标，比如我从做运营培训转到做 B 端项目运营顾问后，就把那个阶段的目标定位在私域流量运营上。当做好阶段性定位以后，接下来努力及工作的方向就明确了。聚焦于一点比较容易找到自我价值。

小结：目标是我们职场的北极星，在陷入迷茫时，可以问自己几个问题——我是谁？我来自哪里？我现在在何处？我要去哪里？我要怎么走？以此来找到自己的定位，确定自己的目标。

2. 坚持长期主义与利他思维

做好自己的定位后，不管定位在内容运营、流量增长、活动营销、用户运营或者新媒体运营等其中的哪一个方向，都一定要坚持做下去，不断深耕。

在做私域流量运营的这段时间，我接触到很多专注于某一行业获得成功的案例，比如一个初中毕业的宝妈，坚持研究"复盘"技巧，仅此一项就年入近40万元；一个优势分析师，因为研究出一套优势分析方法论，成为业界竞相争夺的专家；一位做了近20年少儿英语培训的老师，不仅受到广大学生和家长的爱戴，还获得了不菲的经济收入。在我和这些人接触的过程中发现，他们每个人都做得很开心、很轻松。因为他们在做自己喜欢的事，而且这件事他们做了很多年。另外，他们用知识帮助了别人，在帮助他人实现价值的同时，也帮助自己实现了价值。

有人可能会有疑问，你说的这些人都这么厉害了，为什么还需要你来提供服务呢？主要是因为他们没有系统的运营思维，对于某些新业务、关键环节他们都需要在摸索中前进，虽然这些人迷失的可能性相比一般人更小，但是依然有迷失方向的可能。由此可见，运营的价值无处不在，作为运营人员的我们，应该感到庆幸和自豪。

小结：上边说了运营价值无处不在，但是为什么我们自己意识不到？在跟一些优秀的创业者沟通时，我看到了4种力量——

念念不忘的念力、相信愿望实现的愿力、个人气场的场力和成人达己的业力。运营人员往往对专业度有念力，但是在后面三种力上比较薄弱，尤其是在业力上，因为很多运营人员都不善于对外传递价值。在工作中找到价值感，就会形成一种对外传递价值的自驱力，这种力量一旦运转起来就会越来越强大。

我给产品人的 3 个建议

最后，我想针对产品运营人员提出几个小建议。

1. 掌握学习方法

产品运营是一个对奔跑速度要求比较高的职业，作为产品运营的从业者，若是学习成长速度跟不上，就很容易被淘汰。所以，对于产品运营人员来说，学习的方式和效率很重要，知道自己想学什么、不想学什么更重要。

通过线上资源或图书等渠道可以学到很多知识，而进行案例拆解是一种更加高效的学习方法，因为这种方法可以帮我们把学习对象理解得更深。比如我们要分析京东、淘宝等平台进行的 618、双 11 活动，就针对每次的活动大促地图，从活动的政策、节奏、营销玩法、用户路径、营销策略等方面进行拆解。

获得知识和技能后，还要不断进行推演和练习。很多企业引进运营人才，尤其是高阶运营人才，都要求新人一到岗就能解决流量问题、转化问题等。要想满足企业这方面的要求，就需要不断结合经验与企业特色，在实践中找到适合企业的方法。

上面是学习方式，要想提高学习效率，就要保证自己有充足的学习时间，尤其是沉浸式学习的时间。确保每天有一段沉浸学习的时间，这样学习效率会非常高。番茄时间、帕累托原则、麦肯锡30秒电梯理论、莫法特休息法、6点优先工作制等都是非常好的时间管理方法，找到自己喜欢且适合自己的方法，然后坚持下去。

2. 做好定位，塑造自我价值

产品运营人员的工作细且杂，同时因为运营动作直接和营销结果挂钩，所以运营人员的压力会比较大。公司对每次营销活动都有要求，比如玩出与之前不同的花样、满足各项指标的增长（这个要求从来没变过）。如果没有做好清晰定位，运营人员就很容易迷茫。

所谓定位，其实就是让自己有清晰的标签。我们经常会给产品打标签、给用户打标签，但是很少有人认真地为自己做过身份梳理，为自己打过标签。其实个人IP打造就是在建立标签及突出标签价值。

3. 拥有商业化思维

无论做什么事情，用什么运营方法，都需要具有商业化思维。有些运营人员在提升产品、运营、技术、数据等方面的能力时，只把眼光聚集在能力本身，这是不对的。因为不论提升什么能力，最终都要为商业化服务，所以一定要时刻关注商业化思维。

11

从好产品到好前程：产品思维在向上突破过程中的应用

——董超华

  我是董超华，和我熟识的人都叫我华仔。2015 年我从一个不算太知名的学校毕业，经过几年的奋斗，我由一个产品小白成长成为一家知名上市公司的产品负责人。我是一个热爱分享的人，曾经把自己的工作实践和心得结集成书正式出版，这就是《数据中台实战》一书。承蒙读者的支持，这本书进过京东、当当新书畅销榜的前十，还让我成了出版社的优秀作者。

  为了直接帮助更多的产品人，我入驻了"人人都是产品经理"社区。因为坚持写作，很多人认识了我，曾因 60 万的阅读量，我成为"人人都是产品经理"社区的年度优秀作者；我还开设了一个公众号"改变世界的产品经理"，主要分享产品经理、数据中台、个人成长等方面的原创文章，现在已经有几万人关注。

刚入行产品时，我和大多数产品经理一样，有着一颗想要改变这个世界的心，但到现在越来越觉得，想要改变世界，首先要改变自己，所以我的故事主要讲这些年我个人的改变，包括关键经历、关键选择，希望对你的职业成长有帮助。

从产品小白到大厂负责人

1. 找到你内心真正热爱的职业

2011 年我步入大学的校门，选的是计算机专业。报志愿时之所以选计算机专业，是因为日常总是听到很多计算机领域大佬的传奇故事，尤其是乔布斯的故事。可惜，恰在 2011 年乔布斯永远离开了我们。所以某次和朋友逛街，看到书店在销售《乔布斯传》，就果断买了下来。为了纪念这位计算机领域的大佬，我在图书首页写下了一句话"购于乔布斯去世那年"，然后将这本书珍藏了起来。

《乔布斯传》中提到的乔布斯邀请百事可乐一位高管时说的一句话，深深触动了当时的我：**你是想跟我一起改变世界，还是想卖一辈子的糖水？**年少轻狂的我也曾梦想着有一天和这些大佬一样能够改变这个世界，读到这句话，这种感觉就更加强烈了，于是我深深爱上了计算机行业。

想到就去做，既然爱上了这个行业，就要付诸行动。于是，大二的时候我和几位学长一起做了一个校园订餐网站——订餐吧，这算是我在计算机实践方面迈出的第一步。说起我们开发的这个网站，竟然是和后来大名鼎鼎的饿了么同时期上线的，这也是我一直感到骄傲的事情。虽然我们的产品最终没有大红大紫，但是这件事却给了我信心和鼓舞。

开发订餐吧时我写代码的能力还比较弱，所以更多是做和产品经理相关的工作，比如邀请学校周边餐馆入驻、让产品在大学生之间广泛传播等。还记得我们几个合伙人在网站上线前，把设计好的宣传单一夜之间铺满学校十几栋宿舍楼。因为当时人手少,第二天我不得不亲自爬8层楼给一位同学送餐,虽然时隔多年,但是当时的场景历历在目。

  大二那段时间,每天过得都很充实,我们团队几乎把学校周围所有的餐馆都搬上了订餐吧。但最后还是因为管理、运营和人才等问题,在维持了一年后,订餐吧停止了运营。从那时候起我意识到,要想做好一件事,仅有热情和远大的抱负是不够的,还需要专业的知识和人才作为支撑。

  所以步入大三以后,我开始考虑未来的就业问题,准备有针对性地充实自己的专业知识。那时候学计算机专业的人,大部分都会走技术路线,我却因为订餐吧的经历,喜欢上了产品经理这个职业。但是,因为当时很少有人知道产品经理这个职业,主流 IT 公司也没有设置对应的职位,所以我犹豫了,毕竟这是关乎我未来的重大问题。最终,我还是败给了现实,败给了大环境,出于求稳的心理,加入了疯狂敲代码的行列。我选择了当时看来最有前景的 Java 方向。那段时间为了学习 Java,我不仅每天强迫自己去敲代码(因为通过订餐吧我意识到实践的重要性),还坚持每天看技术方面的视频、读相关的图书。那段如饥似渴的岁月,虽然艰辛,但是确实收获很多。其中最值得骄傲的就是,在当年的中国大学生计算机设计大赛中,我们团队代表学校参赛,与北大、清华等知名高校同台竞技,最终拿到了全国二等奖,参赛项目进入 TOP 20。

  功夫不负有心人,因为前期的积累,大四的时候我以技术实习生的身份进入一家顶级的互联网公司。当时很多人都很羡慕,认为我运气好,能进入一家不错的公司。殊不知,这背后的艰辛

11 从好产品到好前程：产品思维在向上突破过程中的应用

和付出，才是这份运气的来源。

进入公司后，我发现公司的环境和学校的完全不一样，在学校的时候都是自己主动去找事情做，所有事情都是自己来安排。但是在公司里，所有的任务都是安排好的，不用自己动脑子想接下来要干什么，只需要按部就班地完成领导交代的任务，就可以得到应得的薪酬。所以我也慢慢懈怠了，变得机械化，变得不那么喜欢思考了。当时我认为，这样的状态才是职场需要的状态。但是在我工作满一年时，领导找我谈话。他对我的工作进行了总结，在肯定之余，他还专门和我说："**不要像机器人一样工作**。"这句话一下点醒了我，我开始反思自己这一年的工作——整天敲代码，把所有精力都放在功能实现和技术细节上，每天都困在技术问题中，不会再去主动思考如何做好一款产品。我当年"用产品改变世界"的热情竟然被磨灭了。痛定思痛，于是我决定重新规划自己的人生。

这家公司那时候已经设立了产品经理的职位，在工作中我也接触过一些产品经理，在重燃斗志之后，我的产品经理梦复苏了。我发现产品经理的工作更加适合我，这份工作更贴合我内心那份执着。于是我开始寻求内部转岗。幸运的是，当时公司也正要扩大产品经理团队。我的热情再加上我曾经做过一些类似产品经理的工作（订餐吧的经历），我的申请很快得到了公司批复，从此我正式踏上了产品经理之路。

说句题外话，后来我才知道，那句点醒我的话，并不是领导专门说给我听的。他几乎和手下所有的大学毕业生都说过，因为他看到很多大学生刚开始工作时，和一个机器人没什么不同，都在做着预定好的事情，不会去主动寻求突破。他认为年轻人不该是这个样子的,他很难受,所以他会刻意和每个新员工都说一句这样的话。可悲的是,很多人都把这句话忽略了,它能点醒我,现在想来,可能是我对产品经理的那份喜欢和热爱一直存在吧。

2. 拥有专业技术的产品经理运气会更好

为了在产品经理这条路上走得更远,2018年我离开了之前那家很多人想进但进不了的大公司,加入一家创业公司,独立负责一个千万级别的数据中台的搭建项目。这对我来说是一次职业突破,也是一次对自我能力的挑战。因为在这个项目中,我需要协调行业专家和客户,这要求我必须掌握沟通的技巧;需要懂技术、产品、运营和管理,这要求我必须跳出产品经理的小圈子,学习更多知识,掌握更多技能。

作为项目负责人,我当时要面对多个角色,对内有自己的产品技术团队,对外有6条产品线的业务团队。项目前期各个业务团队对这个项目有很多质疑,其中最大的质疑就是:我的数据为什么要给你们?

前期我们在公司强推数据中台项目时遇到了很大的阻力,很多工作根本无法展开。后来发现,强推是不行的,我必须先和业务团队形成合作关系,和他们打成一片,用数据帮他们解决实际的问题,然后再慢慢引导他们参与到项目中。业务团队对产品的业务流程和功能的了解要比我们更深刻,而我们对数据的运用和挖掘要比业务团队更专业。开发数据中台项目可以让数据更好地赋能业务,所以无论是业务团队还是产品技术团队,目标是一致的。只有大家合作,各自发挥专业优势,才能得到 $1+1>2$ 的效果,才能让公司取得更好的业绩。最终因为各个团队的高效合作,我们完成了既定目标,这个项目也得到了公司的认可,项目中的很多成员都因此收益,有人的晋升了,有的人业绩提高了,有的人实现了自我成长。

因为这是一个与大数据密切相关的项目,所以项目伊始我就开始恶补大数据相关的知识。虽然我具有一些基本的大数据知识,但是要想用这点知识应对这个千万级的项目,那是远远不够的,这一点在我竞争这个项目的时候就意识到了。那时候我每天都要强迫自己学习一点大数据相关的知识,哪怕工作再忙、自己再累也不能中断,看视频、读书、向技术人员请教,我利用了所有可以利用的方式。

这时有人可能要问了,你只是一个产品经理,需要那么懂技术吗?答案是肯定的。所有互联网产品的实现都离不开技术的支撑,而产品经理作为产品实现团队中的一员,怎么可能真正脱离技术?只有懂技术,才可以在前期需求调研时知道该产品的技术可行性,才可以在产品实现中更好地和技术人员沟通,才可以真正做到独当一面而不用所有事都求助于技术人员。另外,如果你能从技术的角度思考产品,那么你参与研发的产品会比别人的更加优质。这一点也在我主导的这个千万级的项目中得到了体现。限于篇幅,这里就不具体介绍了。

另外,我认为,无论是产品线的人还是技术线的人,要想在职场有所突破,最好的途径都是成为业内专家。所谓业内专家,需要满足两个条件:一是自身必须掌握足够多的知识和技能;二是要比其他人更优秀。看到这里,你还会纠结要不要学技术吗?技术是产品经理完成工作的有力支撑,而且你不学别人会学,你就会被超越。

有人可能会对我能获得负责这个项目的机会感到疑惑：难道进入大厂深造后，就可以轻松获得创业公司的项目？大家不要误会，大厂的工作经历只是其中很小一部分原因，真正帮我拿下这份工作的是之前所做的努力。那还是在上大学的时候，因为对大数据感兴趣，所以我专门学习了有关大数据的技术，后来到了大厂，虽然工作和大数据关联性不强，但是我一直没停下对大数据的关注。当时在几个候选人中，只有我对大数据应用更熟悉，又有过大厂产品经理的经验，所以最终是我获得了这个机会。由此可见，艺多不压身，大家有机会就要去多学一些知识，哪怕这些知识当下看起来可能没有什么用处，但是说不定在未来的某一天会给你带来"好运气"。

3 招帮你做好一款产品

1. 如何决定一款产品该不该做？

做产品的第一步是想明白一件事：我们究竟该不该做这款产品？想明白为什么不要做比想明白为什么要做更重要，因为在错误的方向走得越远，伤害就越大。我在这里提供 3 种确定产品是否应该做的方法供你参考。

1）有无降低买卖双方的交易成本

很多产品经理都不是很了解"交易成本"这个词与产品经理

工作的重要关系。交易成本简单来讲就是买卖双方付出的时间和金钱成本。诺贝尔奖获得者科斯早在1937年就提出了这个概念。对于交易型产品来说，站在交易成本的角度对比现有产品与我们要做的产品，就能很好地判断我们的这款产品是否值得去做。

下面通过一个小例子来帮大家深入理解交易成本。

大家应该经常会在小区里、运动场周边看到自动饮料售卖机。对于自动饮料售卖机这款产品来说，交易成本是怎样的？

自动饮料售卖机相比小区外的超市，最明显的优势就是其可以降低用户的时间成本。比如我在小区里跑步，半小时以后我跑累了，而且出汗很多，感觉特别渴，就可能立即通过身边的自动饮料售卖机买一瓶饮料。虽然自动饮料售卖机售卖的饮料比小区外超市售卖的价格高一点，但我还是愿意去买，因为自动饮料售卖机节省了我的时间。在我的概念里，节省的时间具有的价值远高于饮料差价。由此可知，自动饮料售卖机满足降低交易成本的条件。

我们再来看看现在争议比较大的社区团购。这里只从交易成本的角度解释社区团购这种商业模式为什么能够存在。下面将对比菜市场模式和社区团购模式，看看哪种模式交易成本更低。

假设某栋楼今天有10个人要买虾，在菜市场模式下，买方要花费10个人的时间到菜市场，买完之后还需要花时间回到家里。而对于社区团购模式来说，团长首先需要收集这10个用户的采购信息，比如电话、房间号，因为现在有微信这个沟通工具，所以信息收集所需时间成本几乎可以忽略不计。接下来团长只需派1个人去市场采购虾，再将虾分别送给顾客，就完成了这次交易。社区团购模式的时间成本远小于菜市场模式。

另外，菜市场模式需要卖方提前备好大量的货，这不仅会因为库存产生金钱成本，还可能因为大量囤货而造成产品变质，从而带来金钱损失。这些成本都会被均摊到10个买虾人的身上，从而导致金钱成本上升。而在社区团购模式下，团长在前一天晚上就会收集好小区明天有多少人想买虾、买多少的信息。第二天一大早基于收集好的信息，直接按量拿货，然后送给拼单买虾的各位顾客。这样不但解决了卖方库存问题，还把产品变质问题规避了。

综上，社区团购模式相对于菜市场模式，在时间成本和金钱成本上实现了双降低，所以它的出现和兴盛是必然的。

2）有无戳中用户的痛点、爽点、痒点

我们做产品，要么让人愉悦（戳中爽点），要么帮人抵御恐惧（戳中痛点），要么让人内心发痒（戳中痒点），当然若是能三项都满足，那就是完美的产品了。完美的产品是很难实现的，所以我们的产品可以把要求放低一些，但是至少要满足三者之一。如果你的产品看上去可以在某种程度上帮人解决问题，但无法戳中痛点、爽点、痒点中的任何一个，那么就说明你的这款产品是失败的，必须及时止损。

关于痛点、爽点、痒点的介绍，建议大家参阅梁宁老师对三者的定义，这里不再详述。

3）身边的人会不会用

当我们有冲动要做一款产品时，先不要投入太多的资源，一个产品原型或者一个功能清单就足以确定这个产品该不该做。

当有了产品原型或者功能清单后,可以叫上你的朋友或者不同部门的同事,对功能进行优先级排序,然后找到其中的 TOP 5。TOP 5 之外的功能暂时可以不用考虑,至少这个阶段没必要投入那么多的资源做 TOP 5 外的功能。接下来问问你周边的朋友和同事,如果有了 TOP 5 这些功能,他们会不会用。如果他们给出的答案是不会用,那就没必要继续下去了。

2. 大多数好产品都是运营出来的

按照上述三招去思考,至少能够保证你会得到一个满足用户需求、有价值的产品。创造有价值的产品,是产品经理最重要的工作,但只是创造出一款有价值的产品还不够,还需要让更多的人知道和使用这款产品。让更多的人知道这款产品的过程,就是产品增长的过程。

这几年很多互联网大佬都在说一个词——自传播。自传播,顾名思义就是指你的产品设计出来后,不用做任何运营,静静等待就好,如果产品真的好,就会自动传播开来,并形成一定的口碑。"自传播"与"酒香不怕巷子深"其实是一回事。听上去似乎很合理,但这也可能是一个非常大的思维陷阱。"酒香不怕巷子深"确实有道理,但这要有一个先决条件,那就是你的酒足够香,香到所有人都能闻到。

很多人都以为口碑是自传播出来的,但实际上大多数口碑都是设计和运营出来的。如果你没有那份让你的酒香到任何人都能闻到的自信,那就必须下大功夫运营你的产品。对于一款成功的产品来说,运营极其关键。互联网上有关产品运营的方法论非常多,所以我就不赘述了,这里主要讲两个有关增长的误区。

1)多做肌肉式增长,避免肿瘤式增长

所谓肿瘤式增长,就是指一款产品在还不完备的情况下,就通过各种运营手段进行客户拉新、刺激购买等增长行为。比如你做了一个卖衣服的电商网站,在供应链还没做好的情况下就疯狂拉新用户。虽然前期也有很多订单,但因为供应链和服务能力不行,导致产生大量投诉和差评,用户的复购率很低。这就是典型的肿瘤式增长,虽然前期投了很多钱做用户拉新,但用户来一个走一个,根本无法留存,甚至可能带来差评的蔓延和扩散,这就像癌细胞,越多反而让你的产品越快死亡。

拥有一款好商品是运营的前提。什么是好商品?对于电商产品来说,就是在多、快、好、省这四个维度都有好的表现的产品。供应链能力就是"快"的基础,在上边的例子中,电商产品若是能打造好这项能力,就如同一个人锻炼出一块肌肉,这样的肌肉越多,力量就会越大。这种提前打造产品优势,然后再进行运营的增长方式就是肌肉式增长。

避免肿瘤式增长,多做肌肉式增长,是产品持续良性增长的最好方式。可悲的是,采用肿瘤式增长却是很多产品的现状,归根到底还是人们急于求成,过于功利了。

2)一直追求运营手段的变化

很多运营人员在做产品运营的时候,今天搞一个营销活动,明天又搞一个不同玩法的营销活动,天天换着手段玩,玩得用户很累,运营人员自己更累,还没有效果。我认为这是一种低效的努力,也是做增长的一个大忌。

春节联欢晚会办了那么多年,唱了那么多歌曲,你印象最深的是哪首歌?我想很多人都会记得《难忘今宵》这首歌,因为每年春晚的最后都会演唱这首歌。正是因为不断地重复,这首歌才会让人难忘,传唱至今。

淘宝搞的双11为什么会这么成功?原因之一就是每年在双11那天,淘宝只做双11购物节这一件事,从商家到客户已经形成了一种习惯,所以人们才会有所期待。如果淘宝今年主打购物节,明年主打单身节,后年再做另外一个主题,那么这个购物节就不会在人们心中留下印象了。

所以真正的运营高手,都是反复做同一件事,把它做透。因为做的是同一件事,所以对我们来说不仅成本最低、效率最高,而且因为是重复在做,所以可以让用户养成对这件事的依赖。

3. 用迭代思维让你的产品持续进化

要想把一款产品做好,需要在使用过程中不断收集用户的反馈,然后依据用户反馈不断修改、迭代产品。**其中,收集反馈是关键,要想顺畅完成这项工作,需要给产品建立反馈闭环**。收集反馈的形式有很多,比如通过调研或者面对面访谈的方式获取用户最真实的反馈,通过数据埋点、数据分析的方式获取用户更多隐性的信息。

1)通过用户的真实反馈不断迭代产品

产品只有发布给用户使用,才能收集到反馈,这是毋庸置疑的。那么是不是说越早把产品发给真实用户越好呢？看看我上边介绍的肿瘤式增长，你就知道这样做是不合适的。我建议产品发布分三步走。

第一步是通过身边的人进行测试性发布。也就是有了产品原型后，先把产品发布给身边的人进行试用，比如其他部门的同事、身边的朋友等，收集他们对产品的感受，基于他们的反馈再对现有的产品进行调整。**产品的第一个版本没必要投入过多的资源，可以用 MVP 的思路进行快速发布。**主要目的就是用最小的代价，完成产品可行性测试。

第二步是在小范围真实用户内进行测试性发布。当完成了产品的 MVP 版本后，就可以把产品发布给最真实的目标用户去试用了。这里有两点需要特别注意：

（1）一定要控制用户范围，不要为了追求更多反馈而无限扩大发布范围，不然就可能引发肿瘤式增长问题。

（2）千万不要一开始就对用户讲你把产品发布给他们是为了测试，而是要当成真实发布处理，这样可以保证收集到的反馈是用户最真实的想法。

收集到相关反馈后，自然是对产品再次进行调整、迭代了。

第三步是进行正式发布。对此这里就不过多介绍了，大家应该都很熟悉了，各家公司可能都已经形成了适合自己的发布流程和规范。

关于不断迭代的话题，我想给大家讲一个我自己的小故事。几年前我主导过一个个性化推荐产品，这款产品的目标是基于数据为用户推荐合适的商品，当用户点击或者看了一些喜欢的商品后，系统会据此推断出用户感兴趣的商品并进行推荐。为了做好这款产品,我们前期做了大量的调研,并与产品、运营、技术团队设计了几套看上去非常合理但是又极其复杂的算法。多套算法、复杂算法,都意味着高投入。对于如何压缩投入的问题,让我们一筹莫展。在一次沟通会上,一位算法工程师对此提出了质疑:"算法有必要设计得这么复杂吗?最好的算法往往是简单而有效的。"一句话把我们从之前的怪圈中拉出来,最终我们选择从最经典的、经过巨头公司验证过的、基于用户协同过滤的、最简单的算法(物以类聚、人以群分的算法)做起。算法简单,并不代表过程也简单,我们必须基于产品对该算法进行必要的调整。于是我们针对这个算法安排了详细的反馈收集计划,前期让公司内部做商品的同事给产品打分,收集到推荐系统的第一批反馈。产品上线后通过两轮发布收集到真实的用户反馈,我们基于此继续优化算法,最终经过长达 1 年的时间,3 个大版本、数十个小版本的迭代,我们得到了推荐算法带来的支付转化率相对之前提高 2.5 倍的结果。

2)适当的埋点非常有必要

Sony 曾经开发了一款新的音箱,他们对音箱的品质很有信心,但是在音箱颜色上却有些拿不准。为了稳妥,Sony 在批量生产之前专门召集了一批潜在购买者,让他们选择是喜欢黑色还是喜欢黄色。经过一番讨论,大多数人都选择了黄色。会议之后,为了对参与者表示感谢,Sony 把之前预先生产出来的音箱送给他们,每人一个,因为数量充足,所以参与者可以自由选择颜色。最后 Sony 的工作人员统计参与者所选产品时却意外发现,他们大多数人拿走的都是黑色的音箱。难道是参与者在有意戏耍

Sony 吗？当然不是。那到底是什么原因导致了这样的结果呢？大家不妨自己想一下。

下面我们就来说说，在我们做产品的时候，如何规避 Sony 遇到的问题。

用户受各种因素的影响很容易"口是心非"，比如有些需求，用户因为种种原因不愿意说出来；有些需求，用户自己都不知道其存在。业界应对这种问题最好的方法就是在 MVP 版本的产品中针对关键功能进行适当埋点，这是一种非常好的收集用户真实隐性需求的方法。

前期可以通过第三方工具针对关键功能和按钮做埋点，采集用户的行为信息，并据此分析用户对产品关键功能的使用频次，从而得到对用户价值最大的功能。

比如针对电商类产品，可以在前后端均进行埋点，获取用户下单的点击信息、用户搜索的关键字、用户点击过的分类模块等。这些信息可以帮助运营人员确定订单来源。运营人员掌握了订单的来龙去脉后，就可实现对电商平台更加高效的运营了。

用产品思维引爆个人品牌

1. 打磨属于自己的作品

如果说有件事现在不做，5 年后你一定会后悔，那么这件事一定是打造个人品牌。大家都在公司默默无闻地工作，请问你的竞争力在哪里？你可以想一想，如果拿掉公司的标签，离开公司这个平台,你还能做什么?就算你有大厂的工作经历又能怎么样?离开大厂,没有个人品牌的支撑,你的能力依然不会被第一时间认可。你要有能影响他人的专属于你的作品,通过这些作品给自己贴上能力的标签,你才能脱颖而出。

就拿我来说吧,我之前一直没有意识到个人品牌的问题。2018年4月1号,我去深圳参加"人人都是产品经理"举办的一场线下大会,在大会上有幸结识了产品大咖Blues(兰军)老师。Blues是产品圈真正的大神,先后在腾讯、迅雷做过产品经理和产品总监。作为分享嘉宾的Blues,在台上风光无限,我的心里是说不出来的佩服和羡慕。从那时起,我开始意识到个人品牌的重要性,但是不知道应该怎么做。

会后我加了Blues的微信,这是我这个小人物的朋友圈中第一次出现大咖,我非常兴奋。后来我看他朋友圈经常发自己公众号的文章,觉得这是个非常好的塑造个人品牌的方法。在这个自媒体时代,我为什么不自己做一个公众号呢?我高中时候作文不是写得挺好吗?当时正值我职业生涯的低谷,又恰巧我刚刚重读了大学时珍藏的《乔布斯传》,看到了那句话:**你是想跟我一起改变世界,还是想卖一辈子糖水?** 这唤醒了我要以产品经理之身改变世界的梦想,于是公众号"**改变世界的产品经理**"诞生了。

既然是要打造自己的品牌,就需要输出属于自己的东西。这一点大家一定要注意。什么是输出属于自己的东西?直白点说就是你的公众号里的文章必须是你原创的。有些人会觉得坚持原创太难了,于是就走起"改写"的捷径,这样做最终肯定是得不偿失的,这一点我深有体会。

刚开始运营公众号的时候,我怕自己写不好,怕文章更新跟不上,怕阅读量、粉丝数上不去,于是开始偷偷"借鉴"业界大咖的文章(没经过授权)。虽然我得到了一些流量,但是也因此遭到了粉丝的质疑,甚至有人直言我的文章是抄袭的,这样的公众号没有价值。更为严重的是,很快我就收到了"侵权警告",其中一位大咖甚至专门加我微信和我说:"**最讨厌别人原封不动地搬我的文章,这就是小偷的行径。**"看到他这句话我才意识到问题的严重性,他说得很对,我就是一个小偷,连反驳的理由都没有。那种无地自容的感觉,我想我这一生都不会忘记。所以我当时诚恳道歉,并承诺马上删文,虽然他没有继续追究,但是我依然被对方拉黑了。那一次,我哭了。从那一刻开始,我决定无论文章好与不好,都只发原创文章。

原创说起来容易做起来难,首先摆在我面前的问题是:写什么内容?我经过冥思苦想,得出如下结论。

(1)**所写的内容必须是自己有过一定积累的,就算不直接相关,也要有一定的关联性**。这是写出高质量文章的前提。要是写自己根本不了解的内容,很难保证文章的质量,假大空的可能性会更大。

(2)**所写内容要有一定的热度,而且热度越高越好,最好正值风口期**。注意,我并不是说要一直要追着热点跑,总是跟着热点换写作主题,这反而不利于品牌打造。我的意思是,在公众号确定的主题范围内寻找热点话题。

(3)**多渠道运营,这是前期吸粉非常好的方式**。除了公众号之外,还要看看自己现有的发布渠道中,有多少适合发布接下来要写的文章。

基于以上3点,我选择了"数据中台"这个主题。这个主题我有一定了解，因为上大学的时候专门研究过大数据相关的知识；当时这个主题正在风口期；除了公众号之外，我参与的其他产品经理社区也适合发布相关文章，比如"人人都是产品经理"社区。

说干就干，在确定这个主题的当晚我就发出了一篇有关数据中台的文章，有 1 万多字。果然如预期的一样，这篇文章阅读量、收藏量、点赞量都非常高。文章第一次受到这么多人的关注，我还是很激动的。那天每隔几分钟我就会去看看阅读量，记得当天这篇文章的阅读量就破了 2 万。从那之后，我便开始疯狂输出，连载了 10 篇数据中台实战类文章，几乎每篇文章都有上万的阅读量。

因为这个系列的文章，我的公众号的粉丝数也一直在涨，到 2019 年就完成了 10000+ 粉丝的逆袭。到 2020 年年初已经有平台开始邀请我去做主题演讲，小到几十人的线下分享，大到几百人的直播分享。因为持续输出，2020 年年底我拿到了"人人都是产品经理"的"年度优秀作者"称号，同时结识了很多行业大咖，包括《人人都是产品经理》的作者苏杰老师、《电商产品经理》的作者王伟老师、《B 端产品经理必修课》的作者李宽老师……2018 年之前我想都不敢想我的朋友圈内能有这么多大咖。

2. 不断破圈才能加速成长

做公众号算是我职业生涯的一次破圈行动，公众号就是我的一个破圈产品。因为公众号这个产品，让许多人看到了我的个性、能力、特质，而以前这些内在的东西，别人是看不见的，别人眼中的我只是一个普普通通的上班族。

虽然公众号让我有了一次突破，但是还远远不够，因为公众号是一款碎片化的产品。我写的文章也是碎片化的，就算给自己打上了数据中台的标签，也是碎片化的，而且不够权威。我需要一款新产品，给自己打上一个十分清晰的价值标签。所以我开始寻找第二次破圈的机会。这一次好运气再次降临，因为发表了数据中台系列文章，当时又正逢数据中台的风口期，出版社竟然主动联系我，找我约稿。大家都知道，图书出版是破圈的最好方式之一，虽然我之前一直知道这种方式，却从来没有主动去想过，总觉得自己距离出书尚有差距。没想到之前的持续写作，再加上数据中台火爆，图书出版的机会就这么毫无征兆地降临了。

图书出版的过程，既有艰辛又有喜悦，那种感受不亲身经历是无法体会到的。这也是一次自我升华的过程。等图书上市以后，我深刻体会到了付出就有回报的道理。因为这本书为我带来了很多机会：不断有人主动加我微信好友，不断有人向我请教有关数据中台的问题，甚至有企业找我做培训。我的人脉圈扩大了，我的知名度提升了，我的知识漏洞也因为和更多人交流而被发掘出来了。

运营公众号、写书是我对外坚持输出、不断破圈的方式，这两种方式大家可以借鉴，也可以寻找属于自己的方式，比如在产品或技术群多回答问题、做短视频、做直播等。破圈就意味着走出舒适区，虽然过程很痛苦，但确实可以帮我们快速成长。所以，大家只要找到适合自己的输出方式，然后坚持输出，就一定会慢慢发生改变，变成那个理想中的自己。

我给产品人的 3 个建议

这里不再讲产品方法论,而是分享这些年我一直坚持的、让我内心保持平静的 3 个习惯:读书、写作、跑步。

1. 坚持读书

认知决定了一个人的上限,从这个角度说,提高认知是突破瓶颈的先决条件之一。而在众多提高认知的方法中,读书是最划算的,因为我们只需要花极少的钱,就能买到作者几年甚至几十年的人生智慧和经验。另外,市面上的书非常丰富,不仅种类多,而且同一种类型下从不同角度进行介绍的书也很多,所以只要我们愿意,就可以获得想要的所有知识。有了知识,认知就提高了,我们自然也就变得更强了。

读书不要功利性太强,不要抱着一本书能解决我们人生所有问题的想法,读一本书,有某个点或者某几个点能够触动我们,让我们有所改变,就已经物超所值了。

2. 坚持写作

坚持读书是增加知识储备的有效方法,而要想把相关知识理解透,并且用所学知识为自己创作价值,写作就成为一个必选项。写作的好处非常多。

(1)**写作可以锻炼我们的集中力。**当前大家都在说碎片化,似乎所有人都很忙,都只有碎片化的时间可以利用。事实是如此吗?我觉得并不是,之所以出现这样的现象,是因为很多人心静不下来，变得浮躁了。而要想做好一件事，能静下心来，能把所有精神和思维集中在一个点上，这是很重要的。写作就是一种帮助人们安静下来，将思维集中到某个点，不再想其他事情的方法之一。

（2）**写作可以帮助我们深入理解所得知识**。通过读书、日常工作或其他方法获得的知识，获得后我们往往都会认为自己完全理解了。但是到了实际应用的时候，却发现这也不懂，那也不明白。但为时已晚，后悔不及。写作可以提前帮我们把这些问题暴露出来。我们把获得的知识写出来，写作中若有无从下手的感觉，那就说明还没真正把这件事想透。这时候再回过头去，继续读书，找解决办法，直到我们可以通过写作帮助其他人，那就说明已经融会贯通了，以后工作中遇到相关问题，我们就可以轻松解决了。

（3）**写作可以帮我们整理思路，使知识体系化**。这一点我就不过多介绍了，大家都比较清楚，只不过很多人更倾向于使用思维导图等方式。思维导图确实是使知识体系化很好的方法，但是在思维导图的基础上进行写作，可以让我们检验体系化的程度。也就是通过写作，我们可以知道体系化工作是否有不足，因为有些内容看似完整，写出来才发现前后衔接有问题。

（4）**写作可以带来反馈，弥补不足**。大多数文章写出来都是为了给别人看的，就算开始时有些人没这样的想法，但写得多了总会希望获得别人的认可，于是就会发布出去给别人看。有人看，就一定有人反馈，这样一方面会让更多的人认识我们，另外也可以帮我们通过反馈获悉自己的不足。

3. 坚持跑步

之前看过一句话，感觉非常有道理：跑步是一件只要你做了就会有回报的事情。跑步我已经坚持 6 年了，已跑了接近 1000 公里。

要做成大事，首先要有一个健康的身体，这是每个人都懂的道理。如果你想健身，又不知道选哪种方式，那可以选择跑步。跑步不受环境的限制，你只要坚持跑步一周，感觉一定不一样。另外跑步能使人内心平静下来，跑步和走路的感受是不一样的，跑步时你会专注自己的身体，不会想其他的事情，当你专注于跑步时，浮躁也就走了。

《认知觉醒》一书中说每个人都有三个脑——本能脑、情绪脑、理智脑，其中本能脑、情绪脑有两大特点：

（1）**避难趋易**——只做简单和舒适的事，喜欢在核心区域周边打转，待在舒适区内逃避真正的困难。

（2）**急于求成**——凡事希望立即看到结果，对不能马上看到结果的事情缺乏耐心，非常容易放弃。

理智脑需要调动我们的认知进行思考，这个过程非常耗时，这就导致很多人的理智脑被本能脑、情绪脑压制着。我们需要做的就是不断提高自己的认知，增强理智脑。从这一点来看，对比刷视频、打游戏来说，读书、写作、跑步都属于理智脑的行为，虽然这三件事前期可能会很痛苦，不过只要坚持下来，你会慢慢发现，自己越来越优秀了。

推荐阅读

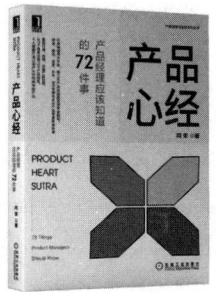

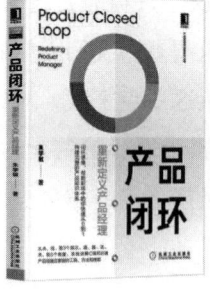

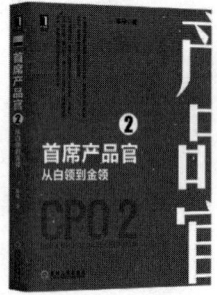